人材アセスメント受験者、管理職のための

インバスケット演習の実践

部下がいなくても、まだ管理職でなくても、
インバスケット演習でマネジメントの経験値を
高めることができます

マネジメント学習の応用編

現場ですぐに使えるマネジメント実践力の向上に最適
考える力、決める力、人や組織を動かす力などを
向上させることができます！

[HAコンサルティング株式会社]
著者：西山真一
監修：廣瀬正人

はじめに

　本書をお手にとっていただき、ありがとうございます。

　貴方は、どのようなお仕事をされている方ですか？

　管理職やリーダーとしてすでにご活躍されている方ですか？

　これから管理職やリーダーを目指されている方ですか？

　それとも経営者の方ですか？

　企業や組織の人事や教育担当者の方ですか？

　少なくとも、インバスケット演習やマネジメントに興味をお持ちの方だと思いますが、

　管理職やリーダーとしての仕事は上手くいっていますか？

　成果はあがっていますか？

　部下や組織を思うように動かせていますか？

マネジメントは、なかなか難しく、奥が深いものです。

　世の中には、管理職やマネジメントに関するあらゆる知識やスキルについての研修や書籍が沢山あります。

　しかし、それらを受講したり、読んだりしたからといって、実際のビジネスシーンですぐに使えるレベルの能力を習得することは難しいと思われます。それらで学ぶことは、あくまで教科書的な論理や、基本事項やスキルであって、実戦で使うためには、もう一歩の応用や努力、本番さながらの環境下での体験などが必要になるためです。

　私は、日頃、インバスケット演習を活用した人材アセスメント研修や試験（以下、「人材アセスメント」といいます。）の講師（以下、「アセッサー」といいます。）をしています。

このインバスケット演習では、企業や組織の中で実際に起こり得るような状況がケースとして作り出されています。参加者はプレッシャーと緊張感の中でマネジメントを実践的に疑似体験します。そして、この演習を体験することで、管理職やリーダーとして求められる能力を高めたり、不足するものに気づいたりすることができます。まさに、**マネジメント学習の応用編**と言えます。

知識の習得というよりは、むしろ**現場ですぐに使える - 考える力、決める力、人や組織を動かす力**などを向上させることが期待できます。

その意味では、前述したような管理職やマネジメントに関する一般的な研修や書籍とは一線を画すものです。

管理職には、自部署の方針や計画を立てたり、問題を解決したり、部下の育成をしたり、多くのことが求められます。想定外のことや理不尽なことも起きます。部下と上司の板挟みになることもあります。管理職やリーダーになるとそのような場面に日々出くわします。

この演習では、そのような一つ一つの場面で、どのように考えて、どのように意思決定をして、それをどのように人に伝えるのか。といったことを実践的に学ぶことができます。

貴方がインバスケット演習を体験するとしたら。

前述の通り、インバスケット演習では、企業や組織の中で実際に起こり得るような状況が設定されていますが、貴方の役割も設定されています。その中で、貴方は方針の検討、問題解決、意思決定、クレーム対応、部下育成などの処理を短時間でしなければなりません。通常ですと1年とか2年のスパンで起こり得る事柄が、わずか2時間という短い時間の中に凝縮される形で貴方に次から次へと降りかかります。

きっと、貴方は、普段の仕事の中で"できている"こと（＝発揮能力）

しか発揮することはできないでしょう。

　しかし、"できなかった"ことが分かることが大切です。「自分は知っているので、多分できると思う」という考えは、ありがちですが、必ずしもそうではありません。実は**知っていても"できない"ことが多い**のです。論理と実戦は違います。

　実際の職場でのマネジメントにあたる場合には、論理や知識以外に、状況に応じた柔軟な発想や着想、勇気、気概、自身の明確な方針や信念なども必要です。また職場の風土や人間関係なども考慮しなければなりません。

　是非、この本のインバスケット演習を活用して、まずは貴方の"できなかった"を発見して欲しいと思います。

　また繰り返し読んでいただきたいと思います。2回目以降は、**貴方は"できた"ことが多くなっているはずです。**

「習うより慣れろ」ということわざがあります。これは人や本から知識として教わるよりも、実際に自分が練習や経験を重ねた方が、上達が早い、しっかりと身につくという意味です。

　本当はこのことわざの通り、貴方の仕事の中でマネジメント能力を強化していただくのが一番良いのですが、しかし本当の実戦の中で、効果的かつ効率的にマネジメントを経験して身につけることは、難しいのが実状です。また、今は部下がいないとか、そのような実戦の機会が少ない方もいるでしょう。

　インバスケット演習は、そのような実戦の中でマネジメント能力を身につけることが難しいという方も、実際のマネジメント場面で起こり得ることを凝縮した形で疑似体験することで、経験値を積んだり、能力アップをすることができます。

　インバスケット演習についてもう少し紹介します。

インバスケット演習とは

インバスケット（In basket）は未決裁箱の意味です。

インバスケット演習は、未決裁の案件を決裁して決裁済み箱（Out basket）に入れていくことをイメージした演習（ケースメソッド）です。具体的には、参加者がある架空の組織の管理職になった状況設定の中で、方針設定、分析判断、意思決定、指示、依頼などのマネジメントを行うというものです。

この演習が導入された頃は、本当に未決裁箱にある書類を決裁するということを忠実に再現され、参加者に数十枚の書類や封書を渡す形式で行われていました。現在は簡略化がなされ電子メールの未処理を処理する形式が一般的になっていますが、一部は机上の伝言メモやクレームの手紙なども混ぜて、従来通り未決裁箱に入れるという設定にしてリアリティを出している場合もあります。

インバスケット演習は、人材アセスメント（人の行動を多面的に観察し評価を行う一連の手法）で活用される演習の一つです。人材アセスメントの際には、グループ討議演習や面接演習、分析発表演習などの演習も併用され実施されることが多いです。

人材アセスメントの欧米での呼び名は、アセスメントセンター手法といいます。この手法は、元々軍隊やパイロットさらには諜報機関など組織の人材選抜の手法として活用されたのが発端と言われていますが、後に欧米を中心に企業における人材選抜の手法として広がってきています。勿論、日本においても、人材選抜や管理職研修などとして、多くの企業や組織で導入されています。

またインバスケット演習は、最近ではマネジメントのトレーニング教材として活用されることも増えています。この演習は、元々、個々人の能力診断をするためのツールとして活用されてきましたが、演習を通してマネジメントを実践的に疑似体験できるため、非

常に優れた教育ツールとしての評価も高まってきています。

　この演習を体験された方からは、「何が何だか分からないうちに終わってしまった」、「どう対処すればよいのか全く分からなった」、「主人公になりきれなかった」、「自分の足りないところが認識できた」などの感想を聞きます。
　一方、演習の振り返り学習の後には、「マネジメントを実践的に疑似体験できたので良かった」、「目から鱗だった」、「管理職はそこまでいろいろと考えないとダメなんですね」、「今後の仕事にすぐに役立てられそう」など前向きな反応も返ってきます。
　いずれにしても、人材アセスメントやインバスケット演習はすごい驚きやインパクトがあるようです。

　本書は、このように「悔しかった」、「もっとマネジメントを勉強したい」、「再チャレンジしたい」、「繰り返し体験してさらにマネジメント能力を高めたい」、「これから人材アセスメントを受験するので事前に勉強したい」などの思いをお持ちの方のために、前作に続き企画しました。
　勿論、インバスケット演習を通じて、マネジメントを実践的に学べる本ですので、経営者、管理職としてマネジメントの知識をさらに強化したい、実践的なノウハウを学びたいという方なら、どなたでもお読みいただきたいと思います。
　管理職のマネジメントの基本や、その一環である経営・組織分析、問題解決、部下への指示の仕方、成果管理などについて学ぶことができます。
　また、経営や組織運営、人材育成に資する内容になっていますので、経営者の方にもお薦めです。

　なお、インバスケット演習は企業や組織の"課長"選抜時に使用するレベルのもの（指示書および20の案件、文字数：約15,000文

字以上）を掲載しています。

　マネジメントやインバスケット演習の解説は、図表などを用いてできるだけ分かり易くさせていただきます。

　本書をお読みいただくことで、多くの方のお役に立つことができれば幸いです。

【目次】

はじめに …………………………………………………………………………… 2

第1章　本書掲載のインバスケット演習の概要…………………… 11

第2章　本書の目的と活用方法………………………………………… 17
- 本書の目的 ………………………………………………………………… 18
- 本書の活用方法…………………………………………………………… 19
- インバスケット演習で何が分かるか？ ……………………… 22

第3章　インバスケット演習の構成と貴方がやるべきこと……… 23
- インバスケット演習の構成 ………………………………………… 24
- 貴方がやるべきこと ……………………………………………… 25
- インバスケット演習 「健幸弁当センター（株）　第3営業課長」（指示書、案件） ………………………………… 26

第4章　管理職に求められるマネジメントとは………………… 67
- 会社や組織が求めるマネジメントとは …………………… 68

第5章　管理職の方針設定とは………………………………………… 73
- 貴方のマネジメントのスタイルは？ ……………………… 74
- 管理職には具体的な方針が必要 ………………………… 78

第6章　管理職の優先順位付けとは………………………………… 159
- 自身の方針がないと優先順位はつけられない ……… 160
- 軽重判断とは ……………………………………………………… 161

第7章　管理職の問題解決と課題設定とは……………………… 163
- 問題とは　課題とは ………………………………………… 164
- 管理職に求められる問題解決のレベルとは………… 167

　　　● 当座対策と抜本対策 ……………………………………… 170

第8章　管理職の意思決定とは…………………………………… 191

　　　● 管理職は時にはリスクをとることが求められる …… 192

第9章　問題解決プロセスと実行計画…………………………… 213

　　　● マネジメントにおける問題解決プロセスとは ……… 214

　　　● 情報収集と整理分析 …………………………………… 216

　　　● 解決策の案出………………………………………… 217

　　　● 効果性・効率性の検証 ……………………………… 217

　　　● 実行計画と経営資源の調達………………………… 218

　　　● 実行責任者を決める ………………………………… 219

第10章　組織や部下の動かし方とは…………………………… 221

　　　● 受け手目線の指示や依頼の仕方 …………………… 222

　　　● 受け手の能力、地位、権限、性格を踏まえた指示や依頼…… 225

　　　● 部下や組織にも感情がある………………………… 226

第11章　管理職の成果管理とは………………………………… 247

　　　● ＰＤＣＡの管理サイクルで成果を出し続けよう…… 248

　　　● 納期設定で確実な成果獲得を……………………… 249

　　　● 結果とプロセス管理 ………………………………… 249

　　　● サポート・支援体制を整える……………………… 251

おわりに ……………………………………………………… 266

（付録）インバスケット演習回答用紙 ……………………… 269

著者・監修者プロフィール………………………………… 271

インバスケット演習「健幸弁当センター（株）　第３営業課長」の解説章の目次

　　以下は各案件の処理の解説を掲載している章およびページ数をご案内しています。

案件番号	章	ページ
1	1 0	229 〜 230
2	5	81 〜 157
3	1 1	252 〜 255
4	1 0	231 〜 236
5	1 0	237 〜 243
6	1 1	256 〜 258
7	7	177 〜 179
8	8	195 〜 202
9	7	168 〜 176
1 0	8	203 〜 205
1 1	8	195 〜 202
1 2	1 1	259 〜 261
1 3	8	206 〜 211
1 4	7	181 〜 184
1 5	7	168 〜 176
1 6	1 0	239 〜 243
1 7	1 0	244 〜 245
1 8	7	185 〜 189
1 9	1 0	231 〜 236
2 0	1 1	262 〜 264

第1章

本書掲載の
インバスケット演習の概要

「健幸弁当センター（株）第３営業課長」の概要

（※なお、まず自身でインバスケット演習に取り組みたいという方は、本章を読み飛ばしていただいても構いません）

　このインバスケット演習では、貴方に東京で弁当の製造販売業を営む健幸弁当センター株式会社の社員である田中昴（38才）になりきっていただき、第３営業課長としてマネジメントをしていただきます。

　健幸弁当センターは、1980年創業、1985年に法人化した企業です。一般企業向けに日替わり弁当（１日平均約４万食、平日）を製造・配送する事業が主力事業ですが、最近は新たな事業として高級弁当や、葬儀・法要、イベント用の弁当、介護施設、病院、幼稚園、保育園向け日替わり弁当・給食などの分野に進出してきています。全従業員数（パート、アルバイト含む）は約350名。売上高：約51億円、税引後当期利益：約1.3億円の企業です。

　田中昴は、入社以来、配送や営業の仕事を経験後、現在、社長室で係長の職を担っていましたが、Ｕ年10月１日（月）、"弁当アプリとキャッシュレス決済"の調査を目的とする中国（深圳）出張の予定があり、今夜の便で出発する準備をしていたところ、急きょ上司の斉藤社長室長に呼び出されました。そこには、他の部長もいました。

　そこで、斉藤社長室長は、次のように言いました。
「急な話で悪いが君に今日付で辞令が出た。10月８日（月）から第３営業課の課長をやってもらいたい。実は、第３営業課の丸居課長は以前から体調不良を訴え休みがちだったが、メンタルヘルス悪化を理由に療養の必要があるとの医師の診断書および長期の休職届が提出された。今の所、職場復帰には時間がかかりそうだ。そこで後

任として白羽の矢がたったのが君だ。

　君も知っているとは思うが、第3営業課は、社長の肝いりで作られた部署だ。これまでの当社のビジネスモデルである"一般企業向けに日替わり弁当を配送する"だけの事業展開では、将来はないとの経営判断によるものだ。これまで、新たな領域として高級弁当や葬儀・法要やイベント用の弁当、介護施設、病院、幼稚園、保育園向け日替わり弁当などの分野に進出してきた。今後も新たな収益の柱を確立するために新規顧客の開拓や、新商品・サービスを開発していくのが第3営業課の使命だ。

　当社の成長はここ数年鈍化しつつある。業界環境を見渡せば、少子高齢化や共稼ぎ世帯の増加で食品の宅配に関する需要は高まっている。その一方で、大手のコンビニチェーン、弁当チェーン、配車ITサービス会社、また大手のハンバーガーチェーンや外食チェーンなどが食品の配送サービスに参入してきている。さらにWeb上で圧倒的な集客力を持つプラットフォーマーがお弁当のポータルサイトの運営に進出してきており、ライバル企業や新規参入企業との競合は激しさを増している。このような経営環境の変化に会社としては相当の危機意識を持っている。

　第3営業課は、当社の社運を背負っていると言っても過言ではない。君には、当社の新たな収益の柱を築くために、前例にとらわれることなく、新たな顧客の開拓や、新商品・サービスの開発および収益化などに力を注いで欲しい。具体的な行動を期待している。不退転の決意で臨んでもらいたい。そのための支援は惜しまない」

　田中昴は突然の話に驚きましたが、丸居課長の一日も早い回復を祈ると同時に、斉藤社長室長の思いや激励の言葉を聞いて、やる気が湧いてきました。
「分かりました。精一杯頑張ります」
　と答えました。

さらに斉藤社長室長は、続けました。

「早速だが、これから人事総務課の木下係長に、君のパソコン宛に丸居課長の未処理のメールや関係資料を送らせるので、内容を確認し必要な対応をしてもらいたい。午後6時までには着信するはずだ。あいにく今日は、外訪活動などで、第3営業課に社員は誰もいないので、第3営業課の社員との電話やメール通信はこの時間できない。

　また、今夜からの中国への出張（弁当アプリとキャッシュレス決済の調査）は、重要な仕事なので予定通りに行ってほしい。飛行機の出発時刻との関係で、あまり時間はとれないだろうが、丸居課長のメールなどを確認し未処理の案件はできるだけ今日中に対応してほしい。これから君が発信するメールは、明日には第3営業課のメンバーらが見るはずだ。大変だとは思うが頑張ってほしい」

　この後、貴方は、田中昴になりきって、丸居課長の未処理案件を、外出するまでの120分間で処理することを決め、早速仕事に取りかかることになります。

　なお、このインバスケット演習で、案件を処理する際に、出張中（不在時）にするべきことがあれば、貴方の意図が正確に伝わるように留意し、関係者に指示や依頼、報告・連絡（手段はメール、手紙、またはメモで。※電話はできません。）などを行うことが必要です。

　そして、仕事がこれ以上停滞しないように努めることが求められます。また着任後の計画や、案件に目を通して気がついたことなどがあれば書き留めておく必要があります。貴方は出張中、スケジュールが分刻みで詰まっており、第3営業課と連絡をとる余裕はないものとします。

　貴方は、このような前提の中で、未処理案件の処理をすることになります。

　処理にあたっては、インバスケット演習の「指示書」および「案

件（20案件）」に書かれている情報を読み込み、検討したうえで、部下や周囲（上司、他部署、外部）に指示や依頼などを出してください。

（注：実際のメールのように、宛先を書き、指示文書や依頼文書で書いてください。）

また、気がついたことがあれば、「メモ」などと書き、その下に書いておく必要があります。

未処理案件は、以下のようなものがありますが、これらの案件を120分間という時間内でできるだけ処理することが求められます。

- ✓ 未処理メールおよび関係資料の受信への対応
- ✓ 社長からのメールへの対応
- ✓ 年次有給休暇の取得日数の管理への対応
- ✓ 部下から他部署のことで相談への対応
- ✓ 部下からの提案への対応
- ✓ 競合他社の食中毒のうわさへの対応
- ✓ 部長（上司）からの業績改善プランの作成指示への対応
- ✓ 販売促進予算確保への対応
- ✓ 顧客からのクレームへの対応
- ✓ 顧客からの経費支援要請への対応
- ✓ 部下の新企画案に対する対応
- ✓ 外部セミナーへの参加手配への対応
- ✓ 他部署（仕入課）からの問題提起への対応
- ✓ アンケート結果分析への対応
- ✓ 他部署（コールセンター）への対応
- ✓ 部下からの退職相談への対応
- ✓ コストや市場予測データ等の分析への対応
- ✓ 製造工程の混乱や大量廃棄問題への対応
- ✓ 他部署（第1営業課）からの要請への対応

✓　経費削減への対応

第2章

本書の目的と活用方法

1．本書の目的

（1）なぜ、本書を出版するのか

　私は人材アセスメントのアセッサーをする機会が多いのですが、私たちは研修効果を高めるために、これまで人材アセスメントの際に、インバスケット演習を含めた各演習（グループ討議演習や面接演習など）の振り返り学習に力を入れてきました。

　しかし、人材アセスメントは通常試験として実施されますのでさまざまな制約があります。例えば、インバスケット演習などの演習課題（紙もの）はすべて回収します。また、十分な解説資料をお渡しすることもできません。

　結果として、人材アセスメントは、能力診断はできるのですが、受講者のマネジメント能力の育成にはつながりにくい側面もあるのです。

　また、「どうやって分析力や判断力を強化したらよいのか悩んでいます」、「何か良い勉強方法や教材はありませんか」など、研修後の個人面談の際にご相談を受けることも多いのです。

　このようなこともあって、ビジネスパーソンのマネジメント能力向上や、人材アセスメント後のフォローアップのために、前著「人材アセスメント受験者、管理職のためのインバスケット演習」（ファストブック）を出版させていただきました。その後、読者の方から「同じような本でもっと勉強したい」、「違うインバスケット演習にもチャレンジしたい」などの声を数多くいただきました。それらの声にお応えするためにも、新作のインバスケット演習を掲載した本書を出版することにしました。

　前著のあとがきで、マネジメント能力を向上させるためには、「反

復訓練の継続」が大切なことを書きましたが、それを実践するためにも本書を活用いただきたいと思います。

スポーツでも、上達するためには、基本動作の反復練習が重要と言われています。しかし、同じ相手とばかり練習していては、あるパターンには対応できても、違うパターには対応できないということもあり、練習相手を変えて練習することも必要だと言われています。

違う状況設定のインバスケット演習に取り組むことは、貴方の応用力や引き出しを増やすことに役立つと思います。

会社や組織の人材アセスメントをこれから受けられる方は、本書を活用することでインバスケット演習に対処する場合の考え方を学ぶことができます。また、経験を積むことができます。

（2）マネジメントを効率的に学んでいただくため

企業や組織の実際の現場は、あまりにも目まぐるしいため、なかなか、マネジメントを効率的に学ぶことは難しいと思います。

インバスケット演習は、マネジメントを実践的に疑似体験できるように、行動心理学的な観点も踏まえて設計される非常に優れたツールですので、効率的に学ぶことができます。

本書では、何回でも疑似体験することができますので、貴方のマネジメント能力のアップにお役立ていただきたいと思います。

２．本書の活用方法

活用法１
インバスケット演習:「健幸弁当センター（株）　第３営業課長」（第

3章に掲載）にチャレンジしてみる。

　その場合は、付録の回答用紙を 10 枚程度コピー（A 4 程度がお薦めです）してご準備をしてください。

　その上で時間を計ってチャレンジしてください（回答は回答用紙に記入してください）。制限時間は回答用紙への記入も含めて 120 分間です。

　本番の人材アセスメントと同じ体験を、自宅でも、オフィスでもお好きな場所ですることができます。ただし、途中で電話や来客などが来ない環境で実施されることをお薦めいたします。

　やり方や回答にあたっての留意事項は、「健幸弁当センター（株）第 3 営業課長」の"指示書"の中に記載していますので、それをお読みください。重要なことは、与えられる登場人物になりきって案件処理をすることです。

　終了後、第 4 章〜第 11 章の解説などを熟読して、自分の回答との違いや思考プロセスや分析などの違いを確認してみてください。また指示や依頼の仕方なども理解していただければと思います。

　その後、再チャレンジを繰り返しても良いと思います。

　能力アップのためには、反復練習が重要です。私も以前は経営や問題の分析など全くできませんでした。しかし、中小企業診断士の国家試験を受ける際に、何度も何度も事例問題を解きながら、身につけた経験があります。

　活用法2

　インバスケット演習にチャレンジはしないで、**本の解説を読みながら理解する。**

お時間がない方や、ざっと読んでみたいという方は、まずは第3章のインバスケット演習：「健幸弁当センター（株）　第3営業課長」を読んだ上で、第4章以降をお読みください。

「自分だったらこうした」、「ここは同じだ」、「まったくそんな着眼点はなかった」など自分との違いや思考プロセスや分析などの違いを確認しながら読み進めてください。
　そうするだけでも、マネジメント上の大切なポイントは吸収できると思います。

活用法3
　その他、自由にお読みいただいても構いません。

3．インバスケット演習で何が分かるか？

インバスケット演習は、行動心理学の理論を踏まえて設計されるもので、元来、個人の能力を診断する手法（アセスメントセンター）を構成する１つの演習ですので、マネジメントにかかわる能力（主に思考的側面）を診断することができます。ただし、これはトレーニングを積んだ専門家（アセッサー）でないとなかなか難しいと思います。

一方、解説を読んでいただき、インバスケット演習に対するご自身の回答と、解説や参考回答例とを比較すれば、貴方のマネジメントのスタイルや、着眼点、思考プロセス、解決策、周囲への伝え方などの違いはある程度確認することができると思います。

ここから先は
（活用法１の方）

まず、先に第３章に掲載しましたインバスケット演習：「健幸弁当センター（株）　第３営業課長」に、実際に取り組んでいただき、回答を完成させた後に、第４章以降をお読みください。

（※なお、参考回答例は一部ありますが、全てではありません。）

（活用法２の方）

第３章のインバスケット演習：「健幸弁当センター（株）　第３営業課長」を読んだ上で、第４章以降をお読みください。

（活用法３の方）

このままお読みください。

第3章

インバスケット演習の構成と貴方がやるべきこと

次々ページ以降にインバスケット演習：「健幸弁当センター（株）第3営業課長」を掲載しています。

　また、末章に付録として、インバスケット演習の「回答用紙」を掲載しています。

1．インバスケット演習の構成

　まずは、「インバスケット演習」の構成です。

　次々ページ以降のインバスケット演習は、「指示書」部分（※私たちは通常そのように呼びます。本書では以下、「指示書」といいます。）と「案件（20案件）」部分（※本書では以下、「案件○○」といいます。）で構成されています。

　指示書には、冒頭に「健幸弁当センター（株）第3営業課長」というテーマが、そのすぐ下に会社の状況と貴方の役割という記載があり、続いてこの演習の中で、貴方が演じるべき人物の名前（田中昴）、会社の概要やおかれた状況、貴方に与えられる役割や使命などが書いてあります。また、この演習のやり方やルール、案件処理をするうえで必要な参考情報が書いてあります。

　その後、案件があります。案件は、案件1～案件20まで20の未処理案件があります。

　この未処理案件を処理することを貴方は求められます。

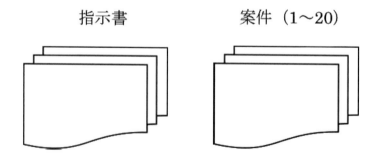

指示書　　　　　案件（1～20）

2. 貴方がやるべきこと

　貴方がやるべき案件処理の仕方はこのインバスケット演習の指示書に以下のように記載されていますが、田中昴営業課長（以下、本文では「田中課長」といいます。）になりきって案件処理に臨むことが必要です。

【案件処理の仕方】

　このインバスケット演習で重要な点は、案件を処理する際に、出張中（不在時）にするべきことがあれば、貴方の意図が正確に伝わるように留意し、関係者に指示や依頼、報告・連絡（手段はメール、手紙、またはメモで。※電話はできません。）などを行うことです。そして、仕事がこれ以上停滞しないように努めることが求められます。メール等を出す際は宛先（必要があればＣＣの活用もできます）を明記することも忘れないでください。また着任後の計画や、案件に目を通して気がついたことなどがあれば書き留めておく必要があります。貴方は出張中、スケジュールが分刻みで詰まっており、第３営業課と連絡をとる余裕はないものとします。なお、文章は所定の回答用紙に記入してください。

　それでは、次ページ以降のインバスケット演習にチャレンジしてください。

- 付録の回答用紙を10枚程度コピー（Ａ４程度がお薦めです）してご準備ください
- その上で時間を計ってチャレンジしてください。制限時間は回答用紙への記入も含めて120分間です
- 回答は回答用紙に記入してください
- 書き方は、実際のメールのように、宛先を書き、指示文書や依頼文書で書いてください
- また、気がついたことがあれば、「メモ」などと書き、その下に書いておく必要があります

インバスケット演習課題
「健幸弁当センター（株）第３営業課長」

指示書

健幸弁当センター（株）　第3営業課長

会社の状況と貴方の役割

　貴方は、健幸弁当センター株式会社の社員、田中昴（38才）です。大学時代のアルバイトがきっかけで、卒業後にそのまま健幸弁当センターに入社しました。入社以来、配送や営業の仕事を経験後、現在、社長室で係長の職を担っています。

　健幸弁当センター株式会社は、1980年に町の弁当屋として創業し、その後、弁当の配送を行うようになり、順調に注文が増え続け業容が拡大し、1985年に健幸弁当センター株式会社として法人化しました。

　創業当初は、会社近隣の町工場や中小企業などを中心顧客として日替わり弁当の配送を行っていました。1990年代に入ると、バブル経済の崩壊を受けて、東京都心部の大手企業はリストラの一環として社員食堂の廃止などを行いました。この結果、都心部の飲食店は大変混雑するようになり、昼食を食べるのに苦労する会社員（今ではランチ難民と呼ばれている）が増加しました。このようなことも相まって、配送タイプの日替わり弁当の需要は爆発的に伸び、健幸弁当センターは業容を飛躍的に拡大することができました。その後、事業の多角化も進め、現在は葬儀・法要やイベント用のお弁当などの分野にも挑戦し始めています。

　U年10月1日（月）、貴方は"弁当アプリとキャッシュレス決済"の調査を目的とする中国（深圳）出張の予定があり、今夜の便で出発する準備をしていたところ、急きょ上司の斉藤社長室長に呼び出されました。そこには、高橋総務部長、飯塚サービス部長も同席しており、その場でサービス部第3営業課の課長として異動することが命じられました。以下は、斉藤社長室長と貴方とのやりとりです。

「急な話で悪いが君に今日付で辞令が出た。10月8日（月）から第

３営業課の課長をやってもらいたい。実は、第３営業課の丸居課長は以前から体調不良を訴え休みがちだったが、メンタルヘルス悪化を理由に療養の必要があるとの医師の診断書および長期の休職届が提出された。今の所、職場復帰には時間がかかりそうだ。そこで後任として白羽の矢がたったのが君だ。

　君も知っているとは思うが、第３営業課は、社長の肝いりで作られた部署だ。これまでの当社のビジネスモデルである“一般企業向けに日替わり弁当を配送する”だけの事業展開では、将来はないとの経営判断によるものだ。これまで、新たな領域として高級弁当や葬儀・法要やイベント用の弁当、介護施設、病院、幼稚園、保育園向け日替わり弁当などの分野に進出してきた。今後も新たな収益の柱を確立するために新規顧客の開拓や、新商品・サービスの開発および収益化をしていくのが第３営業課の使命だ。

　当社の成長はここ数年が鈍化しつつある。業界環境を見渡せば、少子高齢化や共稼ぎ世帯の増加で食品の宅配に関する需要は高まっている。その一方で、大手のコンビニチェーン、弁当チェーン、配車ITサービス会社、また大手のハンバーガーチェーンや外食チェーンなどが食品の配送サービスに参入してきている。さらにWeb上で圧倒的な集客力を持つプラットフォーマーがお弁当のポータルサイトの運営に進出してきており、ライバル企業や新規参入企業との競争は激しさを増している。このような経営環境の変化に会社としては相当の危機意識を持っている。

　第３営業課は、当社の社運を背負っていると言っても過言ではない。君には、当社の新たな収益の柱を築くために、前例にとらわれることなく、新たな顧客の開拓や、新商品・サービスの開発および収益化などに力を注いで欲しい。具体的な行動を期待している。不退転の決意で臨んでもらいたい。そのための支援は惜しまない」

　貴方は突然の話に驚きましたが、丸居課長の一日も早い回復を祈ると同時に、斉藤社長室長の思いや激励の言葉を聞いて、やる気が湧いてきました。「分かりました。精一杯頑張ります」と答えました。

さらに斉藤社長室長は、「早速だが、これから人事総務課の木下係長に、君のパソコン宛に丸居課長の未処理のメールや関係資料を送らせるので、内容を確認し必要な対応をしてもらいたい。午後6時までには着信するはずだ。あいにく今日は、外訪活動などで、第3営業課に社員は誰もいないので、第3営業課の社員との電話やメール通信はこの時間できない。

　また、今夜からの中国への出張（弁当アプリとキャッシュレス決済の調査）は、重要な仕事なので予定通りに行ってほしい。飛行機の出発時刻との関係で、あまり時間はとれないだろうが、丸居課長のメールなどを確認し未処理の案件はできるだけ今日中に対応してほしい。これから君が発信するメールは、明日には第3営業課のメンバーらが見るはずだ。大変だとは思うが頑張ってほしい」と言いました。

・・・・・・・・・・・・・・・・・・・・・・・・・・・・・

　さて、今はU年10月1日（月）午後6時です。貴方は田中昴です。これから前任者の丸居課長のメールなどを確認しようとしています。また、貴方はこの後、中国へ向かいますので、飛行機の時間に間に合うように出発しなくてはなりません。中国への出張は1週間です。10月8日（月）の朝出勤するまで、第3営業課の社員との連絡は、この後一切とることはできません。

　貴方は丸居課長の未処理案件を、外出までに120分間で処理することを決め、早速仕事に取りかかります。

【案件処理の仕方】

　このインバスケット演習で重要な点は、案件を処理する際に、出張中（不在時）にするべきことがあれば、貴方の意図が正確に伝わるように留意し、関係者に指示や依頼、報告・連絡（手段はメール、手紙、またはメモで。※電話はできません。）などを行うことです。そして、仕事がこれ以上停滞しないように努めることが求められま

す。メール等を出す際は宛先（必要があればＣＣの活用もできます）を明記することも忘れないでください。また着任後の計画や、案件に目を通して気がついたことなどがあれば書き留めておく必要があります。貴方は出張中、スケジュールが分刻みで詰まっており、第３営業課と連絡をとる余裕はないものとします。なお、文章は所定の回答用紙に記入してください。

参考情報1

【健幸弁当センター株式会社の概要】

・健幸弁当センター株式会社の経営理念

　　私たちは「安心・安全・衛生・信頼」をモットーに、「食」を通じて、お客様および関係者の健康と幸せ作りに貢献します。

・創業　　　　：1980年創業、1985年に法人化
・資本金　　　：1億円
・直近の業績　：売上高　約51億円、税引後当期利益　約1.3億円
・本社所在地　：東京都板橋区
・拠点数　　　：本社、および3工場
・従業員数　　：約350名（パート、アルバイト含む）

　健幸弁当センター株式会社は、一般企業向けに日替わり弁当を製造・配送する事業が主力事業である。創業者である東郷幸春は、元々商店街で肉屋（個人事業主）を経営していたが、店先でお弁当を販売していたところ、ある日、顧客からお弁当の配送を依頼されたことがきっかけで、日替わり弁当の配送を始めるようになった。最初のころは、近隣の町工場や中小企業に日替わり弁当の配送を行っていたが、徐々に注文が増えていった。順調に売上高が伸びていったため、従業員も雇い、1985年に法人化した。その後も緩やかに成長はしたが、1990年代に入って都心のオフィスワーカーをターゲットにし、それが成功したことが成長の起爆剤となり、急成長を遂げる

こととなった。現在では、1日平均約4万食（平日）の日替わり弁当などを製造して、配送を行っている。全従業員数（パート、アルバイト含む）は約350名まで拡大してきている。メイン商品の一般企業向けの日替わり弁当は、1食450円（税込み）で提供している。

　業界環境は、元々同業他社とのし烈な競争はあるものの、都心のオフィスワーカーの増加、少子高齢化や共稼ぎ世帯の増加で食品の宅配に関する需要は高まっている。一方、このような需要に対して他業界からの新規参入が相次いでいる。またＷｅｂを活用した顧客へのアプローチも競争を激化させている。さらには、最近オフィスビルはセキュリティーが厳しくなる傾向にあり、従来型の営業手法では顧客への接触が難しくなってきている。これらに危機感をもった社長は、従来の方針である一般企業向けの日替わり弁当のみの事業展開から方針転換を行い、新たな領域として高級弁当や葬儀・法要やイベント用の弁当や料理、また介護施設、病院、幼稚園、保育園向け日替わり弁当・給食などの分野にも数年前から進出してきた。新たな収益の柱の確立が急務と考えている。

【健幸弁当センター株式会社　全体の業績推移】
U年3月末現在　　　　　　　　　　　　　　　　　（単位：百万円）

	Q年3月	R年3月	S年3月	T年3月	U年3月
売上高	4,200	4,500	4,700	4,900	5,100
材料費	1,764	1,909	2,054	2,134	2,231
労務費	672	721	799	825	877
その他原価	819	878	919	955	994
売上原価	3,255	3,508	3,772	3,914	4,102
売上総利益	945	992	928	986	998
販管費	630	701	727	742	772
営業利益	315	291	201	244	226

[各市場の特徴と今後の動向]

【日替わり弁当】

　東京では、大手企業の社員食堂の廃止や都心部のオフィスワーカーの増大などを受けて需要は緩やかに増加（年1～2％程度）することが予想されている。

　日替わり弁当は、一般的に低価格、ボリュームがある、栄養バランスが良い、温かい、種類が豊富、考える面倒がないなどの特徴を持つため、需要変動が少ないと言われている。一方、物流という制約があるため、食材が限られ、結果として中身の差が出にくい。そのため競合企業との差別化をどうするかが課題である。また、同じ会社の日替わり弁当ばかりだと飽きるので、定期的に弁当会社を変える傾向もある。

【葬儀・法要、イベント、会議、慶事・お祝い、医者向けなど】

　葬儀・法要は、大規模なものより、家族葬など小規模化していくことが見込まれ、市場は縮小傾向が予想されている。一方、葬儀業界主導の業界慣行は崩れ始めている。また葬儀社の淘汰も増えており、利用者への提案次第では成長の余地はあるとされている。

　イベント、会議、慶事・お祝い向けは、以前からある市場で競争は激しいが、利用者への提案次第では成長の余地はあるとされている。

　医者向けは、おもに製薬会社が製品説明会などの際に医師に提供しているもの。ニッチ市場なので、製薬会社への営業次第では伸ばすことは可能と言われている。一方、公正取引委員会が今後製薬会社の製品説明会での弁当提供の禁止を検討しているうわさがある。

【介護施設、病院、幼稚園、保育園向け】

　介護施設向けは、高齢化の進展により、介護施設が増加傾向にあり、今後も需要の拡大（年３％程度）が期待できる。刻み食や個別でのきめ細かい対応、問題発生時のフォロー体制などが選定基準になる。

　病院向けは、患者給食と職員給食とがある。今後は微減が続くと予想されている。

　幼稚園、保育園向けは、衛生面や安全性が選定基準になる。

　これらの施設では、基本的には業者を頻繁に変えることは少なく、安全な調理環境を整え、長期的な信頼関係を構築できるかがカギになると言われている。

【就業規則　抜粋】

第○○条（年次有給休暇）

1　会社は、６ヶ月間継続勤務し、所定労働日の８割以上出勤した従業員に対して、次の表のとおり勤続年数に応じた日数の年次有給休暇を与える。

・・・中略・・・

3　年次有給休暇は、従業員があらかじめ請求する時季に取得させる。ただし、従業員が請求した時季に年次有給休暇を取得させることが事業の正常な運営を妨げる場合は、他の時季に取得させることがある。

4　年次有給休暇が10日以上与えられた従業員に対しては、第３項の規定にかかわらず、付与日から１年以内に、当該従業員の有する年次有給休暇日数のうち５日について、会社が労働者の意見を聴取し、その意見を尊重した上で、あらかじめ時季を指定して取得させる。ただし、従業員が本条による年次有給休暇を取得した場合においては、当該取得した日数分を５日から控除するものとする。

・・・後略・・・

【予算決裁権限規定　抜粋】

販売促進のための予算（月額）の決裁権限は以下の通りとする。

金額	社長	部室長会議	部長	営業課長
10万円以下	○	○	○	○
10万円超〜30万円以下	○	○	○	
30万円超〜50万円以下	○	○		
50万円超〜100万円以下	○	○		
100万円超〜	○			

健幸弁当センター（株）の組織図

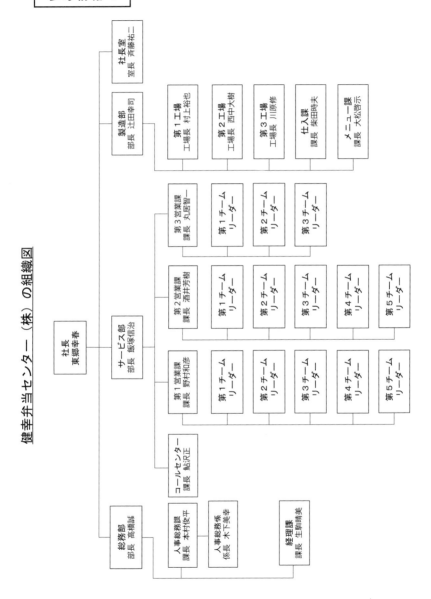

社長
東郷幸春

社長室
室長 斉藤祐一

製造部
部長 辻田幸司

第1工場
工場長 村上裕也

第2工場
工場長 西中大樹

第3工場
工場長 川原修

仕入課
課長 柴田時夫

メニュー課
課長 大松啓示

サービス部
部長 飯塚信治

第3営業課
課長 丸居智一

第1チーム
リーダー

第2チーム
リーダー

第3チーム
リーダー

第2営業課
課長 酒井芳樹

第1チーム
リーダー

第2チーム
リーダー

第3チーム
リーダー

第4チーム
リーダー

第5チーム
リーダー

第1営業課
課長 野村和彦

第1チーム
リーダー

第2チーム
リーダー

第3チーム
リーダー

第4チーム
リーダー

第5チーム
リーダー

コールセンター
課長 鮎沢正

総務部
部長 高橋誠

人事総務課
課長 木村俊平

人事総務係
係長 木下美幸

経理課
課長 生駒晴美

[各組織の役割と概要等]

【総務部】

（人事総務課）	3名	人事労務、庶務およびその他業務
（経理課）	2名	経理業務

【サービス部】

（コールセンター）	約50名	電話、FAX、Webで注文を受け付ける
（第1営業課）	5チーム、約50名	

日替わり弁当、その他の配送、弁当箱の回収、新規セールス

担当エリア：東京23区の西側および西東京市、武蔵野市、三鷹市

（第2営業課）　5チーム、約50名

日替わり弁当、その他の配送、弁当箱の回収、新規セールス

担当エリア：東京23区の東側および埼玉県の和光市、戸田市、川口市、蕨市、さいたま市

（第3営業課）　3チーム、10名

営業および新事業、新商品・サービスの開発

※配送業務は行わない。

配送業務は第1営業課および第2営業課が担う

【製造部】

（第1工場）	約120名	日替わり弁当・給食の製造
（第2工場）	約20名	和食、洋食、中華などの料理人が調理を行う

葬儀・法要、イベント、会議、その他向けの弁当・料理の製造

（第3工場）	約30名	食べ残しの廃棄や弁当箱の洗浄を行う
（仕入課）	3名	肉、魚、野菜、米、冷凍食品などの食材および資材の仕入れ
（メニュー課）	3名	日替わりメニューの作成、新メニューの開発など

【社長室】　　　2名

インバスケット演習課題
「健幸弁当センター㈱　第３営業課長」

案件１〜２０

案件 1-A

宛先：田中課長
発信：人事総務係長　木下美幸
日付：U 年 10 月 1 日
件名：未処理メールおよび関係資料の送信の件

田中課長

お疲れ様です。人事総務課の木下です。

さて、先ほど斉藤社長室長より、ご指示をいただきました件です。

丸居課長の未処理と思われるメールと関係書類を送らせていただきます。

また、お仕事の参考になればと思い、最小限必要と思われる資料も添付させていただきます。お役に立てば幸いです。

本日は、許される時間まで事務所に残りましたが、これで失礼いたします。

丸居課長の長期療養の件、大変心配いたしております。

田中課長は、この後、中国の深圳に発たれるとお聞きしていますが、くれぐれもお身体にはお気をつけてくださいませ。お戻りをお待ちしています。

【第３営業課の概要、使命等】

- ・社長の肝いりで組織された
- ・日替わり弁当一事業体制からの脱却と更なる成長を目指す
- ・使命は、営業と、新事業・新商品・新サービスの開発および収益化
- ・営業エリアは、原則として健幸弁当センターの配送エリア（東京２３区内および多摩地区の一部、埼玉県の一部）
- ・社員数　：　正社員 10 名
- ・配送業務はしない

【第３営業課に関わる売上高・利益等の推移　－　全体】

【第３営業課の業績推移】
U 年３月末現在　　　　　　　　　　　　　　（単位：百万円）

	Q 年３月	R 年３月	S 年３月	T 年３月	U 年３月
売上高		200	300	400	500
材料費		103.3	153.2	199.5	253.1
労務費		33.6	51.5	69.0	86.5
その他原価		39.5	58.5	77.9	97.4
売上原価		176.4	263.2	346.4	437.0
売上総利益		23.6	36.8	53.6	63.0
販管費		52.0	56.4	61.0	72.8
営業利益		-28.4	-19.6	-7.4	-9.8

※間接部門等の経費は、商品分野ごと売上・人件費割合に応じて按分し販管費に配賦した

【第3営業課に関わる売上高・利益等の推移 – チーム別】

【第1チーム 医者向け、会議向けなど】
U年3月末現在　　　　　　　　　　　　　　　　　　　　　　（単位：百万円）

	Q年3月	R年3月	S年3月	T年3月	U年3月
売上高		50	80	100	125
材料費		31.0	48.0	58.0	77.5
労務費		8.8	14.1	17.7	21.9
その他原価		10.5	16.0	20.0	25.0
売上原価		50.3	78.1	95.7	124.4
売上総利益		−0.3	1.9	4.3	0.6
販売費		17.0	18.4	20.0	28.8
営業利益		−17.3	−16.5	−15.7	−28.2

※間接部門等の経費は、商品分野ごと売上・人件費割合に応じて按分し販売費に配賦した

【第2チーム 葬儀・法要・イベント向けなど】
U年3月末現在　　　　　　　　　　　　　　　　　　　　　　（単位：百万円）

	Q年3月	R年3月	S年3月	T年3月	U年3月
売上高		70	100	130	165
材料費		37.1	53.0	67.6	84.2
労務費		11.9	17.1	22.4	28.5
その他原価		13.8	19.7	25.6	32.5
売上原価		62.8	89.8	115.6	145.2
売上総利益		7.2	10.2	14.4	19.8
販売費		18.0	19.0	20.0	21.0
営業利益		−10.8	−8.8	−5.6	−1.2

※間接部門等の経費は、商品分野ごと売上・人件費割合に応じて按分し販売費に配賦した

【第3チーム 介護施設・病院・幼稚園・保育園向けなど】
U年3月末現在　　　　　　　　　　　　　　　　　　　　　　（単位：百万円）

	Q年3月	R年3月	S年3月	T年3月	U年3月
売上高		80	120	170	210
材料費		35.2	52.2	73.9	91.4
労務費		12.9	20.3	28.9	36.1
その他原価		15.2	22.8	32.3	39.9
売上原価		63.3	95.3	135.1	167.4
売上総利益		16.7	24.7	34.9	42.6
販売費		17.0	19.0	21.0	23.0
営業利益		−0.3	5.7	13.9	19.6

※間接部門等の経費は、商品分野ごと売上・人件費割合に応じて按分し販売費に配賦した

案件 1-C

【第3営業課の組織図】

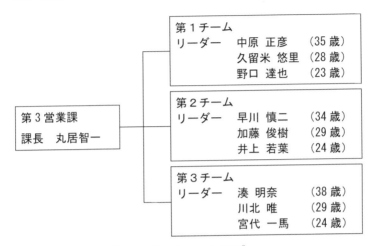

第3営業課
課長　丸居智一

第1チーム
リーダー　中原　正彦　　（35歳）
　　　　　久留米　悠里　（28歳）
　　　　　野口　達也　　（23歳）

第2チーム
リーダー　早川　慎二　　（34歳）
　　　　　加藤　俊樹　　（29歳）
　　　　　井上　若葉　　（24歳）

第3チーム
リーダー　湊　明奈　　　（38歳）
　　　　　川北　唯　　　（29歳）
　　　　　宮代　一馬　　（24歳）

【第3営業課のリーダーのプロフィール情報】

第1チーム　リーダー　中原　正彦

年齢35歳。元 IT 企業出身。インターネットを通じた集客などに詳しく、実績もある。成果獲得意欲は高いが、これまで収益に結びついていないところを本人は歯がゆく思っているようだ。一方、やや強引なところが有り、単独行動も目立つ。

第2チーム　リーダー　早川　慎二

年齢34歳。現場のたたき上げ。現場で身につけた"とにかく営業は足で稼げ"をモットーに新規開拓も積極的に取り組み、これまで葬儀社やイベント会社などの顧客を増やしてきている。

第3チーム　リーダー　湊　明奈

年齢38歳。地道に成果獲得を目指すタイプ。きめの細かい丁寧な対応は顧客からの評判も高い。また、部下も順調に育っている。

（第３営業課　各チームの業務内容）

第１チーム	**一般企業および個人向け** • 既存顧客への訪問活動、新規開拓 • インターネット経由の問い合わせへの対応や、営業および注文受付 • 新プラン、メニューの開発 • 受注した案件の手配・調整（製造、配送など） （これまでの商品・サービス） ◎ 医者向け高級弁当 ◎ 会議用（お手頃〜高級弁当まで） ◎ 重役会議、接待用（高級弁当） ◎ 慶事、お祝い用（弁当、オードブルなど）
第２チーム	**葬儀・法要・イベントなどの弁当、料理** • 葬儀社、お寺、イベント会社などへの訪問活動、新規開拓 • インターネット経由の問い合わせへの対応や、営業および注文受付 • 新プラン、メニューの開発 • 受注した案件の手配・調整（製造、配送など）
第３チーム	**介護施設、病院、幼稚園、保育園など向け** • 介護施設、病院、幼稚園、保育園などへの訪問活動、新規開拓 • インターネット経由の問い合わせへの対応や、営業 • 新プラン、メニューの開発 • 受注した案件の手配・調整（製造、配送など）

Ｕ年　１０月　予定表

日	月	火	水	木	金	土
	1	2	3	4	5 部室長会議 14：00〜	6
7	8 サービス部 会議 14：00〜	9	１０	１１	１２	１３
１４	１５	16	１７	１８	１９	２０
２１	２２ サービス部 会議 14：00〜	２３	２４	２５	２６	２７
２８	２９	３０	３１			

案件2

宛先：田中課長
発信：東郷幸春
日付：Ｕ年10月1日
件名：君への期待

田中課長

お疲れ様です。今回は、急な異動を引き受けてくれて、ありがとう。今回の人事案については、私からも君を強く推薦しておいた。

君はアルバイトからそのまま当社に入社した生え抜き社員のホープだ。現場経験も豊富だし、社長室の一員として全社的な視点で仕事をしてきた経験もあるので、それらの経験を生かして頑張って欲しい。

当社は私が1980年に創業し、数年前までは、日替わり弁当1本でビジネスをしてきた。これはこれで成功モデルを築けたと自負はしている。しかし、一方で時代の変化は早く、そろそろ転換点にさしかかっているように思う。世の中では、アマゾンエフェクトと呼ばれる状況が発生し、百貨店やスーパーなどの小売業だけではなく、製造小型の業界も含めてあらゆる業界をＩＴやＡＩを武器にした企業が飲み込もうとしている。

我々弁当業界もＩＴやＡＩを使った企業が頭角を現してきている。もちろん、当社の強みは、安全・安心で美味しい弁当を低価格で提供できることや、配送（デリバリー）のノウハウと実行部隊を持つことだ。しかし、そのような企業に顧客との接点に先回りされることが続けば、当社の将来も危うくなると考えられる。

そこで、私の肝いりで組織したのが第3営業課だ。日替わり弁当一事業体制からの脱却と更なる成長を目指すことが目的だ。発足から4年が経過したが、まだまだ収益の柱には育っていないのが実状だ。何とか早急に収益の柱になる事業を育てたい。そのためには、少々のリスクはいとわない。

深圳に出発前のわずかな時間だが、今後の新しい事業展開、新商品・サービスの収益化などについて、早速、君の考えを聞かせて欲しい。また組織運営をするにあたって何か気づくことがあれば忌憚のない意見を具申して欲しい。遠慮はいらない。

最後になるが、私には親族の後継者はいない。年齢面を考えると数年後には私がこの会社の指揮を執ることはできなくなると思う。この会社は、社員のみんなと育ててきた。将来の繁栄は、君達若手社員の手で成し遂げて欲しい。

以上

宛先：丸居課長

発信：人事総務課長　本村俊平

日付：U年9月25日

件名：年次有給休暇取得の件

丸居課長

お疲れ様です。

働き方改革の一環で労働時間の削減が求められています。また年次有給休暇が年10日以上付与される従業員（管理監督者を含む）については、年5日の年次有給休暇を取得させることが法律で義務化されていますが、貴課のメンバーの年次有給休暇の取得率は極めて悪い状況です。このままのペースですと年5日の取得が危ぶまれます。

つきましては、以下の社員については、10月中に年次有給休暇を取得させ、少なくとも取得日数が3日以上になるように指示をお願いいたします。

就業規則（年次有給休暇）の第4項に基づく時季指定をしていただいてもかまいません。

以上

記

（年次有給休暇の取得実績）

氏名	今期付与日数	今期取得日数 （9/25現在）	今期期限 （次回付与日前日）
中原　正彦	20	1	V年3月31日
久留米　悠里	18	1	V年3月31日
早川　慎二	20	1	V年3月31日
湊　明奈	20	2	V年3月31日

宛先：丸居課長
発信：早川慎二
日付：U 年 9 月 20 日
件名：第 1 営業課の対応の件

丸居課長
お疲れ様です。
第 1 営業課は、配送時間や配送エリアのことで融通がきかなくて困ります。
至急、課長から、掛け合っていただけないでしょうか。機を逸すると商談が流れてしまいます。
実は、うちの加藤が以前から足繁く通っていた A 葬儀社様からやっと案件のご相談をいただきました。しかし、当社の配送エリアからは少しだけ外れているのがネックでした。そこで私から、第 1 営業課の野村課長に相談したところ、「うちは昔から配送エリアを限定して、効率的な配送システムで運営をしているんだ。それを無視した営業はまずいよ。配送するわけにはいかない」と言われて断られました。
その他にも、別件で通夜のお料理の配送を依頼した時には、やはり野村課長から「うちは昔から、昼食の弁当の配送をやっているんだから、夜の通夜の配送はちょっと困るんだよね。そういう案件はあまり歓迎できないね」と嫌な顔をして、言われました。
外注の配送会社に委託することも検討してはいかがでしょうか。

宛先：丸居課長
発信：中原正彦
日付：U年9月12日
件名：野口のメールを転送します

丸居課長

以下のメールが、野口から来ました。確かにそうだと思いますが、だからといってすぐに成果につながるような訳ではありません。野口には、そんなことを考える暇があるのなら、見込み顧客へのアポ取りや、訪問軒数を増やすように指示をしておきました。

何かあれば、返信ください。

宛先：中原正彦
発信：野口達也
日付：U年9月11日
件名：リターナブル弁当容器の全面使用はいかがでしょうか

お疲れ様です。今日は提案があって、メールさせていただきました。
元々、当社では日替わり弁当の配送の事業のみをやってきたわけですが、以前、弁当箱は全てリターナブルで、お客様が食べ終わった後に回収して、洗浄して、再利用するという仕組みでした。
当課ができ、ここに来てワンウェーイタイプの弁当箱（プラスチック製）の商品も取り扱うようになりました。
しかし、最近は海洋プラスチック問題が注目されるなど、プラスチック容器を扱う企業に対する消費者の視線は厳しさを増しています。今、当社も見直す時期ではないかと思います。企画の段階からESG（環境・社会・企業統治）をコンセプトに商品開発をしてはいかがでしょうか。それを当社のセールス文句にして，時代に合った商品開発をするのが良いかと思います。リーダーは、どう思われますか？

案件6

宛先：丸居課長
CC　：中原正彦
発信：久留米悠里
日付：U年9月28日
件名：食中毒発生のうわさ

丸居課長

お疲れ様です。緊急情報です！

時々、会議のお弁当をご利用いただくE物産さま（渋谷区）で、食中毒が発生したとのうわさがあります。いつもの担当者の方は、言葉を濁していましたが、日替わり弁当が原因との感触を得ました。確か、同社は、ライバルのB配食サービスと取り引きをしています。弁当箱を見かけますので。

当社では、第1営業課の担当エリアですので、早めに動いて取り引きを切り替えてもらえば良いのではと思います。そうすれば、第3営業課との取り引きの拡大にもつながるかと思います。かなりの大口取り引きが期待できると思います。

取り急ぎ、ご報告です。

宛先：丸居課長
発信：サービス部長　飯塚信治
日付：U年9月25日
件名：早急な業績改善のプランを求める

丸居課長

お疲れ様です。今期もすでに半期が過ぎようとしているが、業績は停滞したままだ。

当社はこれまでも"営業は足で稼げ"をモットーにして、顧客を獲得し成長してきた。課員にハッパをかけるなりして、とにかく早急に業績をアップさせて欲しい。これでは私も立場がない。少なくとも今期末（V年3月）の営業利益の赤字は必ず回避したいと思う。

ついては、10月8日（月）のサービス部会議までに、業績改善のためのプランを作成し、当日説明をしてくれ。宜しく頼む。

【第3営業課の月次業績推移】
U年8月末現在　　　　　　　　　　　　　　　　　　（単位：百万円）

	U年4月	U年5月	U年6月	U年7月	U年8月	合計
売上高	42.0	39.0	43.0	40.0	37.0	201
材料費	21.1	19.5	21.5	20.0	18.5	100.6
労務費	7.4	6.8	7.5	7.0	6.5	35.2
その他原価	8.2	7.6	8.4	7.8	7.2	39.2
売上原価	36.7	33.9	37.4	34.8	32.2	175.0
売上総利益	5.3	5.1	5.6	5.2	4.8	26.0
販売費	6.1	5.7	6.2	5.8	5.4	29.2
営業利益	-0.0	0.6	0.6	0.6	0.6	3.2

※間接部門等の経費は、商品分野ごと売上・人件費割合に応じて按分し販売費に配賦した

宛先：丸居課長
発信：中原正彦
日付：U年9月21日
件名：この冬のおせち料理の販売促進予算確保のお願い

丸居課長

お疲れ様です。"おせち料理"は、以前から当チームで企画してきました新商品で、先日ようやく正式に会社の承認を得ることができ、この冬の目玉商品になります。この企画を確実に成功させるためには、当社の通常のホームページでの宣伝だけではなく、これに加えて"おせち料理"専門の販売促進のためのランディングページ（※）をWeb上にアップして、当社のおせち料理を強烈に消費者にアピールしたいと思います。

Web制作の業者に見積もりを依頼したところ、添付の見積書が出てきました。10月10日までに契約すれば、この暮れの"おせち料理"の予約注文に間に合わすことができます。是非、予算の承認の手続きをお願いいたします。当課の今後の起爆剤にしていきたいと思います。

（※）ランディングページとは、Web上のネット広告などをクリックして訪れた見込み顧客に対して、強く詳しく商品をアピールして、問い合わせや購入などのアクションを促すことに特化したWebページのことを言います。

U年9月21日

見積書

健幸弁当センター株式会社　御中

お見積金額　　　¥600,000　（税込み）

Webサポートセンター株式会社

	項　　目	数量	単位	単　価	合　計
	おせち料理　販売促進のためのランディングページ制作費				
1	デザイン料	1	式	300,000	300,000
2	制作構築費（スマフォ対応可）	1	式	300,000	300,000
	※上記は、消費税込みの価格です。				
	合　　計				¥600,000

案件9

宛先：田中課長
発信：社長室長　斉藤祐二
日付：U年10月1日
件名：（緊急）顧客からのクレームの件

田中課長

お疲れ様です。今回は急な異動にもかかわらず、快諾をしてもらい感謝しています。活躍を期待しています。ところで、さっき社長のところに、以下の手紙が届いた。内容的にはクレームだ。しっかりとした対応をお願いします。

封　書

健幸弁当センター株式会社

社長様

前略

いつもお世話になります。突然のお手紙をお許しください。

私は、練馬区にある介護施設の施設長をしている者です。

貴社とは、この春から契約を開始し、利用者の食事を提供していただいております。当施設では、利用者の方の体調の変化などに応じて、調理方法の変更を依頼することがあります。その都度、貴社に連絡を入れてお願いをしていますが、その対応ができていないことがあります。もうすでに何回か営業担当者の方に、改善の依頼をしたものの、未だに改善があまりみられません。営業担当者の方は、いつも平謝りをしてくださるのですが、当施設としましては大変困り果てている状況です。きめ細かい対応をしてくださるとのお約束で契約をさせていただいた訳ですので、このままでは来年度の契約は考えざるを得ません。

そのため、今回、意を決して社長様に直接連絡をさせていただきました。何とぞ、早急な改善を切に願います。

　　　　　　　　　　　　　　　　　　　　　　　　　　　　　草々

　U年9月29日

　　　　　　　　　　　　　　　　　　　　　　　　C介護サービス

　　　　　　　　　　　　　　　　　　　　　施設長　河合　明美

宛先：丸居課長
CC　：中原正彦
発信：久留米悠里
日付：U 年 9 月 27 日
件名：D 製薬会社から経費支援の要請の件

丸居課長
お疲れ様です。
先日、病院・クリニック・調剤薬局向けの高級弁当の注文をいただいていますD製薬会社のご担当者様から、10 月 12 日に医師会の幹部の方を接待するための費用を少し手伝ってもらえないかとの要請をいただきました。今回は、5 万円程度でと言われました。
今後、さらに注文を増やしていただける感じもあり、是非、経費支出のご承認をお願いいたします。なお、いつもと同様に領収書は出ないとのことです。

案件 11

宛先：丸居課長
発信：中原正彦
日付：Ｕ年９月６日
件名：新企画の提案

丸居課長
お疲れ様です。
新企画を検討中ですが、なかなか良さそうな情報が出てきました。
テレビでも有名なＧシェフが監修するお弁当を商品化し販売するという企画です。有名店や有名シェフの味を、お店に行くことなく楽しめるというものです。販売価格帯は、1,500円～4,000円程度で、ターゲットは、中間所得層～富裕層です。
私はかなりの確度で大ヒットは間違いないと思います。
契約はマネジメント会社を通じて行います。10月の初めくらいまでに仮契約をすれば、独占契約ができます。
これが成功すれば、さらに他のシェフや料理人と契約し、品揃えを増やしていきたいと思います。
検討を進める方向でよろしいでしょうか。

案件 12

宛先：各課長・工場長
発信：人事総務課長　本村俊平
日付：U年9月25日
件名：部下指導とハラスメント防止セミナーの件

各課長・工場長
お疲れ様です。人事総務課の本村です。
さて、下記のセミナーが商工会議所で開催されます。最近は、社員の人権への配慮が強く求められています。是非、管理職、リーダーの方は、参加をお願いいたします。出席者を人選のうえ、参加人数のご連絡を、10月3日までにお願いいたします。

部下指導とハラスメント防止セミナー開催の件

拝啓　会員各社の皆様方には益々ご隆盛の段、大慶に存じます。
　さて、標記セミナーを下記のとおり開催したいと存じます。最近は社員の人権やハラスメントに関する問題がクローズアップされています。また部下指導も永遠のテーマです。是非ご活用ください。
　ご多用中誠に恐縮ですが、ご出席くださいますよう宜しくお願い申し上げます。なお準備の都合があり、勝手ながら、来る10月5日までに参加人数のご連絡をお願いいたします。

敬　具
N商工会議所

記
1. 日　時　　U年10月16日（火）15〜17時
2. 場　所　　N商工会議所ビル　第2会議室
3. テーマ　　部下指導とハラスメント防止セミナー
4. 対　象　　管理職、リーダー層
5. 参加費　　３，０００円（お一人様）

追伸：なおセミナー終了後は、懇親会を用意しています。
参加される方は、会費は2,000円（お一人様）です。

以上

案件 13

宛先：丸居課長
発信：仕入課長　柴田時夫
日付：Ｕ年9月26日
件名：重役会議用の弁当の件

丸居課長
お疲れ様です。仕入課の柴田です。
早速ですが、10月中旬から取り扱う予定の重役会議用高級弁当のことですが、設定価格とメニュー内容から原価計算をしたところ、現在の仕入れ値からすると、材料の原価率が70％を超えそうです。また、マグロやエビなどの高級鮮魚や高級フルーツなどを多く使うので、廃棄ロスを考えると仕入れ数量の判断が難しいうえに、価格変動もあり原価率のコントロールが難しいと考えられます。
中原君が担当者ですが、彼はこのあたりのリスクや利益率をちゃんと考えて、商品設計をしているのでしょうか。すこし疑問を感じます。これまでも同様のことがありました。
一旦、この商品の取り扱いは、中止してはいかがでしょうか。

案件 14- A

宛先：サービス部　各課長
発信：サービス部長　飯塚信治
日付：Ｕ年9月18日
件名：アンケート結果が出た

課長各位
最近の顧客アンケート調査の結果が出た。
10月5日の部室長会議での議題になるので、10月初めまでに、問題点や顧客ニーズを整理して、今後の改善案や施策を私まで報告を願いたい。
ところで、お弁当アプリでの注文やキャッシュレス決済のニーズが高まってきているが、当社では、今のところ、注文の受付は、電話、ＦＡＸ、Webのみでやっている。そろそろ、考え時かもしれない。

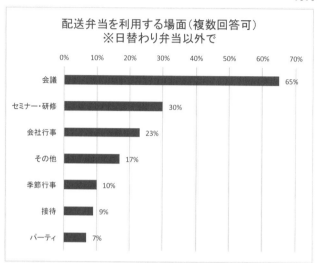

配送弁当を利用する場面（複数回答可）
※日替わり弁当以外で

場面	割合
会議	65%
セミナー・研修	30%
会社行事	23%
その他	17%
季節行事	10%
接待	9%
パーティ	7%

※本調査は、お弁当の発注担当者様を対象に行った。

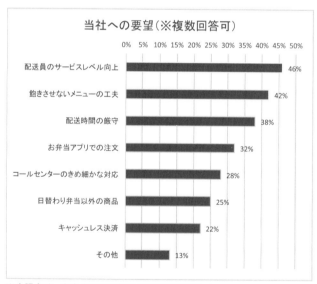

当社への要望（※複数回答可）

項目	割合
配送員のサービスレベル向上	46%
飽きさせないメニューの工夫	42%
配送時間の厳守	38%
お弁当アプリでの注文	32%
コールセンターのきめ細かな対応	28%
日替わり弁当以外の商品	25%
キャッシュレス決済	22%
その他	13%

※本調査は、お弁当の発注担当者様を対象に行った。

宛先：丸居課長
発信：湊　明奈
日付：U年9月20日
件名：コールセンターの対応について

丸居課長
お疲れ様です。
どうもコールセンターと息が合いません。
お客様からの日々の注文や変更は、コールセンターで受け付けてもらっていますが、受付のミスがたびたび発生し、顧客からのクレームにもつながっています。ご存じの通り、介護施設などは、利用者の状況に応じて、刻み食やペースト食など細かな注文が入る場合があります。以前から、鮎沢課長に度々申し入れを行っているのですが、周知が徹底されていないようです。課長は、「注意するように指示はした。しかし、コールセンターは、朝は戦争状態なんだ。毎日4万食の注文の受け付けをこなしているんだ。そんな細かな注文の受付は、そもそもムリがある。そんなに言うんだったら、第3営業課で受け付ければいいじゃないか」なんて言うんです。ただ、このようなことが続くと取り引きの継続が危ぶまれます。ワンチームという意識でやった方がよいと思うのですが。
課長の方から再度、申し入れをしていただけないでしょうか。

案件 16

宛先：丸居課長
発信：井上若葉
日付：U年9月14日
件名：退職の相談

丸居課長
お疲れ様です。井上です。
課長に相談させていただきたいことがあります。実は、10月一杯で当社を辞めようと思います。私は、入社して1年半になりますが、最近、自分の限界を感じ始めています。毎日、アポ取りと、新規訪問ばかりの日々です。また、お客様も葬儀会社様やイベント会社様が多く、独特の雰囲気の中での顧客対応ですので、心労がかさみます。
早川リーダーからは、「営業は足で稼げ！」、「断られても、ひたすら電話をかけ続けろ」と言われていますが、それ以外は特に営業ノウハウなどを教わってはいません。ただリーダーや加藤さんがやっていることを、真似してやっているだけで、なかなか思うように成果をあげることもできていません。また時々、飯塚部長がうちの課に来て、大きな声で課長らにハッパをかけている様子が頭にこびりついて、私も緊張を感じます。
最近は、さらに営業ノルマも厳しくなりつつありますが、自分はちょっとついていけない感じです。
同期の宮代一馬君は、楽しそうにやっていて、成績も良いのでうらやましいです。
どのように、退職の手続きを進めればよいでしょうか。

宛先：丸居課長
発信：経理課長　生駒晴美
日付：Ｕ年９月５日
件名：市場予測等の資料送付の件

丸居課長
お疲れ様です。経理の生駒です。
ご依頼の資料を添付させていただきます。ご活用いただければ幸いです。

統計資料（Ｌ総研）

【Ｔ年度　決算企業（同業他社）　調査資料】

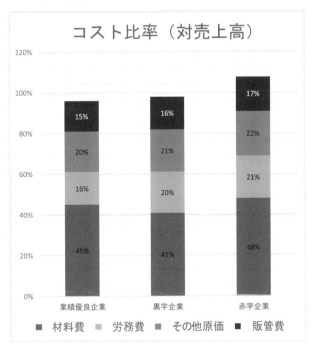

食品宅配市場は、子育て・共働き・高齢者のニーズに応えて成長を持続か！

食品宅配市場の規模は引き続き順調に推移し、Z年度の市場規模はU年度比106.2％の2兆5,000億円に達すると予測する。少子高齢化と女性の社会進出、ライフスタイルの多様化を背景に、宅配需要は確実に増加しており、食品宅配市場は成長を続けている。今後も食品宅配はシニア層や共働き世帯を主なターゲットに日常的な利用が加速し、生活に不可欠なサービスとして定着するだろう。

中でもミールキット（料理キット）市場の好調が特に注目される。ミールキットは、レシピと調理に必要な人数分の食材（カット済みの肉や野菜、調味料などを含む）がセットになったもので、"手作り"にはこだわりたいが、毎日の献立作りや買い物、調理には時間をかけられない現代人のニーズに応えた商品だ。従来は、食材（惣菜）宅配分野の商材であったが、ここにきて生協やネットスーパーなどが参入して調理メニュー（献立）が拡充され、品質も向上している。主要なユーザーは、家事（調理）の時短ニーズが高い子育て・共働き世帯であるが、最近は高齢・単身世帯の需要も高まっており、参入各社は大きな成長を見込んでいる。

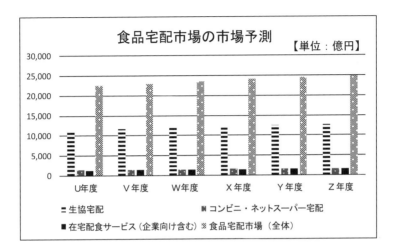

【食品宅配市場予測】 (単位：億円)

	U年度	V年度	W年度	X年度	Y年度	Z年度
生協宅配	11,400	11,600	11,900	12,150	12,400	12,650
コンビニ・ネットスーパー宅配	1,310	1,360	1,400	1,500	1,550	1,600
在宅配食サービス（企業向け含む）	1,230	1,295	1,360	1,420	1,490	1,550
食品宅配市場（全体合計）	22,600	23,000	23,650	24,200	24,600	25,000

※食品宅配市場（全体合計）は、寿司、ピザ、その他も含んだ金額である。

宛先：丸居課長
発信：サービス部長　飯塚信治
日付：U年9月20日
件名：製造部からのメール

丸居課長
お疲れ様です。以下のメールが製造部から来た。
10月5日の部室長会議の議題になるので、それまでに対策案を私
まで報告してくれ。

宛先：サービス部長　飯塚信治
発信：製造部長　辻田幸司
日付：U年9月19日
件名：慶事、お祝い用弁当の件

飯塚部長
お疲れ様です。製造部の辻田です。
先日の敬老の日に、慶事・お祝いプランの注文が多数入りましたが、
注文数や種類の変更や、キャンセルなどが相次ぎ、結果として、製
造工程の混乱や材料の廃棄が大量に発生したとの報告が工場からあ
りました。
ご存じの通り、これまで当社では正確な需要予測に基づき、仕入れ
や生産の計画を立て製造を行っており、廃棄率は業界平均と比較し
て極めて低い。それが当社の強みの源泉でもあります。しかし、第
3営業課の商品に関わる製造が始まってからは、当社の売上原価率
は上昇傾向にあります。一旦は、改善されましたが、ここに来て再
度上昇する傾向にあるようです。何か対策をとってくれませんか。
来月初めの部室長会議の議題にしたいと思います。

以上

宛先：丸居課長
発信：第１営業課長　野村和彦
日付：Ｕ年９月21日
件名：配送依頼の件

丸居課長
お疲れ様です。第１営業課の野村です。
おたくの早川君から配送についてもっと融通をきかせるように要望を受けたが、当課としてはそう簡単に応じるわけにはいかないと考えている。
効率的な配送体制は当社の生命線だ。そのため、配送エリアや配送ルート以外の顧客はこれまでお断りしてきている。それは君も知っているはずだ。
早川君に、あまり無茶を言わせないで欲しい。こちらも部長に叱られるので。

宛先：野村課長、酒井課長、丸居課長
発信：サービス部長　飯塚信治
日付：U 年 9 月 18 日
件名：経費削減の件

野村課長、酒井課長、丸居課長
お疲れ様です。以下のメールが総務部から来た。
経費削減の件、それぞれ具体的に検討して、私まで報告してくれ。

宛先：各部室長
発信：総務部長　高橋誠
日付：U 年 9 月 18 日
件名：経費削減の件

各部室長殿
平素はご協力いただき、ありがとうございます。
さて、来月から後期がスタートします。今年度も収益は大変厳しい状況が続いています。やはり、パートタイマー従業員比率が高い当社にとって、ここ数年間の最低賃金の上昇はボディーブローのように経営を圧迫しているようです。しかし、パートタイマー従業員は当社にとって欠かせない存在なのでやむを得ないものと思います。
そこで、来月 5 日の部室長会議で、経費削減策を具体的に検討したいと思います。つきましては、各部室長は、具体的な削減策を検討の上、9 月 28 日（金）までに、総務部までご提出をお願いいたします。

以上

第4章

管理職に求められる
マネジメントとは

1．会社や組織が求めるマネジメントとは

（1）マネジメントの定義

　インバスケット演習に取り組んでいただき、大変お疲れ様でした。

　インバスケット演習の解説に入る前に、まずはその前提として必要なマネジメントの定義について触れておきたいと思います。

　管理職やリーダーの方がこれを理解していないと、自分が何をすればよいのかを分からないまま、業務にあたることになります。

　マネジメント（Management）とは、直訳すると「経営」、「管理」などの意味を持つ言葉ですが、アメリカの経営学者Ｐ．Ｆ．ドラッカーは、マネジメントのことを著書の中で、「マネジメントとは組織に成果を上げさせるためのものであり」と記しています。（Ｐ．Ｆ．ドラッカー、「明日を支配するもの　21世紀のマネジメント革命」ダイヤモンド社。）

　一方、私たちは、会社や組織が管理職に求めるマネジメント（使命や役割と言ってもよいかもしれません）を以下のように定義しています。

【マネジメントの定義】

> 「マネジメントとは、組織の目標を達成するために経営資源を最も効果的・効率的に活用し人を通じて成果をあげることである」

これを分解しますと、次のようになります。

①組織の目標を達成するために	②経営資源を最も効果的・効率的に活用し	③人を通じて成果をあげる

　まず、①の「組織の目標を達成する」ことが"目的"になります。
　ここで大切なことは、管理職は<u>常に目的（何のために）を意識</u>しながら行動することです。

　次に、②の「経営資源を最も効果的・効率的に活用し」と、③の「人を通じて成果をあげる」は、目的を達成するための"手段"のことです。

（2）経営資源とは

　経営資源とは、人、モノ、金、情報、技術などのことです。
　管理職は、この経営資源を活用しながら、業務や仕事を進めていきます。

　さて、ここで②について質問ですが、

「なぜ、経営資源は最も効果的・効率的に活用しなければならないのでしょうか？」

（答え）

　経営資源は限られているからです。

例えば、貴方の会社で、金（予算）は余っていますか？

また人材は質・量とも十分に揃っていますか？

今どきの会社で、これらが十分あるという話は、聞いたことがありません。

どの会社でも、どの組織でも、ぎりぎりの人員や予算をやり繰りしながら、組織運営をしているのです。

このように、<u>経営資源は限られています（＝有限）</u>。これが経営資源の特徴です。

そのため、組織の管理職は、経営資源を最も効果的・効率的に活用しなければならないのです。

（3）人を通じて成果をあげる

次に、③の「人を通じて成果をあげる」に触れておきたいと思います。

管理職は人（部下、後輩。時には<u>上司や他部署</u>）を通じて成果をあげることが求められます。

最近では、どの組織でもぎりぎりの人員で業務を回していることが多く、管理職はプレイング・マネージャー（＝忙しい）であることがほとんどだと思います。

また、管理職になられる方は、業務成績が良く、知識や経験などが豊富で、優秀だからこそ選ばれています。そのため自分で動いた方が早いし、成果も出しやすいと考えがちです。

このような状況や事情があり、部下や後輩を活用したり、育てたりしながら成果をあげていくということが実行できていないケースが多く見られます。

しかし、組織は多くの人材が集まって仕事をする場所です。多様

な能力や経験を持つ人材が集まり、役割分担をしたり、専門分野を任せたりしながら、協力して仕事をする方が、より効果的に最大限の成果を出すことができると考えられているので、組織が作られているのです。そして、それを実現するために管理職という役割が必要なのです。

　そうであれば、管理職は、自ら動いて成果を出すことに傾注しすぎるのではなく、多少遠回りでも組織や部下を活用して成果を出すことを目指さなければならないのです。

　また、部下や後輩の育成がおざなりになっていることも多いと聞きます。
　しかし、組織の将来の発展や成長を考えると、やはり部下や後輩を育成したうえで、彼らを通じて成果を獲得していくということが重要です。

　そして、最初は手間や時間がかかりますが、部下や後輩が成長すれば、管理職である貴方はもっと高度な業務や重要な業務をする時間を確保することができ、結果としてより高い成果をあげることができるはずです。

　管理職は、このマネジメントの定義を踏まえて、以下のことを常に意識して行動する必要があります。

　①組織の目標を達成することが目的
　②経営資源（人、モノ、金、情報、技術、時間など）を最も効果的・
　　効率的に活用する
　③自分で動くだけではなく、人を通じて成果をあげる

これらのことを踏まえて、日ごろのマネジメントやインバスケット演習に臨むことが大切です。

うちの会社には、人材の頭数も足りない、能力のある人材もいない、教える時間もないのでムリ。というお嘆きの声を管理職や経営者の方から聞くときがあります。

しかし、工夫の余地や突破口はあるはずです。

なぜ能力がないのか　→教育をしていないから

なぜ人が定着しないのか　→職場環境が悪いから

なぜ時間がないのか　→ムダなことを多くやっているから

なぜ予算がないのか　→その必要性や有効性の認識がないから

なぜ情報がないのか　→情報を得るための努力や行動が少ないから

嘆いたり、愚痴を言ったりしても、状況は好転しないものです。

ポジティブな思考で、理由を考えたり、解決策を考えたりする方が生産的だと思います。

そのうえで、本当に経営資源が足りないのであれば、上位に相談するなり、交渉するなり何らかのアクションを粘り強くとることをお薦めいたします。

第5章

管理職の方針設定とは

さて、この章からは、いよいよ第3章に掲載しましたインバスケット演習：「健幸弁当センター（株）　第3営業課長」の具体的な解説も含めて書いていきたいと思います。

第5章は、少し長めですが、マネジメントの重要なポイントを解説しますので、頑張って読んで理解してください。

1. 貴方のマネジメントのスタイルは？

さて、演習を振り返っていきます。

Q1　貴方は、「指示書」部分、および「案件（20案件）」部分をどのような順序で読みましたか？

> ☐ 冒頭から順に最後まで順に読んだ
> ☐「指示書」を読んだ後、案件を読む順序は自分なりに優先順位をつけて読んだ
> ☐「指示書」を読んだ後、演習全体をパラパラと見た後に、計画を立てて読んだ
> ☐ 最初から、バラバラに好きな順序で読んだ

Q2　貴方の案件処理の順序はどうでしたか？

> ☐ 案件1から順に処理した
> ☐ 自分なりに優先順位をつけて処理した
> ☐ 自分なりに優先順位と重み付け（時間をかける。力を入れるなど）を行い処理した

Q3　貴方の案件処理の件数はどうでしたか？

□ 全案件の処理した
□ 全案件の処理はできなかった

　ここで、貴方のマネジメントのスタイルが表れます。

　Q1の「どのような順序で読みましたか？」ですが、
　やはり優先順位を考えてから読み進めることが管理職には必要です。
す。
　なぜなら、第4章で書きましたように「時間」は経営資源だからです。
です。

経営資源の特徴は、何でしたっけ？

「限られている」でしたね。ですから、時間は、効果的・効率的に活用する必要があります。
　時間には限りがありますので（この演習は120分間が制限時間）、予め優先順位付けをしながら、計画的に読み進めることが必要です。
　また、情報を読む際には、ある程度、問題やポイントの目星をつけて、逆算的に読んでいくことが必要です（例：問題の原因やネックはこの辺りにありそうだなとか）。そうすることでより効率的に情報のインプットや吟味ができます。

　Q2の「案件処理の順序はどうでしたか？」ですが、
　やはり、こちらも優先順位をつけたり、重み付け（軽重判断）を行ったりしながら、順序を考えて処理を行うべきです。
　なぜなら、案件1から案件番号順に処理をした場合、時間切れで、後半以降にある重要な案件が手つかずのまま終わったり、後半以降の案件に出てくる情報を活用しないまま処理をしたりすることにな

るからです。

　そうなると、このインバスケット演習で求められていること（＝なるべく良い成果を出すことや、仕事がこれ以上停滞しないように努めること）を実行できないことになります。

　したがって、自身が重視する事柄や、未処理のままだとマイナス効果が高いものやリスクが拡大するものなどを優先的に処理するべきです。そして、手厚く処理を施すことが大切です。

　また、急ぐものと、そうでないものとの区分も必要です。急ぐものとは、期日や納期があるものが代表例です。

　そして、この案件処理の順序の行動傾向は、日ごろの受信メールの処理なども同様の行動パターン（例：上から順番に見ていくなど）を持つ方も多いようです。ご自身でご確認してください。

　Q３の「案件処理の件数はどうでしたか？」ですが、

　これはすべての案件処理をすればよいということではありません。全件の案件処理をしたとしても、内容が特にないものや、先送りや、他者への丸投げばかりでは管理職として問題があると言わざるを得ません。

　一方、緊急かつ重要と考えられる案件の未処理は、業務の停滞やリスクの拡大が発生する可能性がありますので、こちらも管理職として問題があると言わざるを得ません。

さて、ここで業務の優先順位付けの基本的な考え方を紹介させていただきます。以下の図をご覧ください。

業務の優先順位付けの例

緊急度	B:緊急・不要	A:緊急・重要
	□ ルーチンワーク □ 突然の来客 □ 電話対応 □ 定例の打ち合わせや会議 □ 定例の報告書や提出物 □ 日程調整　など	□ クレーム処理 □ 事故・災害対応 □ 納期の迫った仕事 □ 差し迫った問題やチャンス □ コンプライアンス違反
	D:不急・不要	C:不急・重要
	□ 待ち時間 □ メールの削除 □ 不要資料のシュレッター □ 自己満足のための作業	□ 方針や戦略立案 □ 組織風土の改善 □ 準備・計画 □ 業務や品質の改善 □ 人材育成

重要度

業務の優先順位付けは、このように重要度と緊急度の軸でマトリックスにすると考えやすいと思います。

ただし、図で例示したものは一般的な例であり、それぞれの組織の状況や、管理職である貴方の立ち位置や方針により優先順位は変わってきますので、図を参考にしながらもご自身で考えることが重要です。

2. 管理職には具体的な方針が必要

さて、そろそろインバスケット演習：「健幸弁当センター（株）第3営業課長」の内容についても触れていきます。

（1）貴方の立ち位置の確認

まずは、田中課長の立ち位置を確認するために、指示書および案件2の情報からポイントを抜き出して以下にまとめました。田中課長の立ち位置を考えていきます。

【指示書】

- 第3営業課は、社長の肝いりで作られた部署で、当社の社運を背負っていると言っても過言ではない

- これまで当社のビジネスモデルである "一般企業向けに日替わり弁当を配送する" だけの事業展開では、将来はないとの経営判断により新たな分野に進出してきた

- 今後も新たな収益の柱を確立するために新規顧客の開拓や、新商品・サービスの開発および収益化をしていくのが第3営業課の使命

- 君には、当社の新たな収益の柱を築くために、前例にとらわれることなく、新たな商品・サービスの開発および収益化などに力を注いで欲しい

- 具体的な行動を期待している。不退転の決意で臨んでもらいたい。そのための支援は惜しまない

【案件2】

- 今回の人事案については、私からも君を強く推薦しておいた

- 君は生え抜き社員のホープだ。現場経験も豊富だし、社長室の一員として全社的な視点で仕事をしてきた経験もあるので、それらの経験を生かして頑張って欲しい

- 第3営業課は、日替わり弁当一事業体制からの脱却と更なる成

長を目指すことが目的だ

◉ 第3営業課は、発足から4年が経過したが、まだまだ収益の柱には育っていないのが実状だ。何とか早急に収益の柱になる事業を育てたい。そのためには、少々のリスクはいとわない

◉ 深圳に出発前のわずかな時間だが、今後の新しい事業展開、新商品・サービスの収益化などについて、君の考えを聞かせて欲しい。また組織運営をするにあたって何か気づくことがあれば忌憚のない意見を具申して欲しい。遠慮はいらない

◉ この会社の将来の繁栄は、君達若手社員の手で成し遂げて欲しい

さて、**田中課長は、どのような立ち位置でしょうか？**

➤ 田中課長は、健幸弁当センターの社運を背負っている第3営業課の課長に抜擢された

➤ 斉藤社長室長（以下、「斉藤室長」といいます。）から「前例にとらわれることなく、新たな顧客の開拓、・・中略・・・などに力を注いで欲しい」、「具体的な行動を期待している」、「不退転の決意で臨んでもらいたい」、「そのための支援は惜しまない」とも言われた

➤ 社長からも、「私からも君を強く推薦」、「現場経験・・中略・・・全社的な視点で仕事をしてきた経験を生かして頑張って欲しい」、「何とか早急に収益の柱になる事業を育てたい。そのためには、少々のリスクはいとわない」、「将来の繁栄は、君達若手社員の手で成し遂げて欲しい」など言われた

　したがって、中途半端な気持ちで臨んではマズイ。また思い切った手立てを打ってもよいという設定になっています。

案件2	君の考えを聞かせて欲しい

10/1　東郷幸春社長から田中課長へ
深圳への出発前のわずかな時間だが、**今後の新しい事業展開などについて、君の考えを聞かせて欲しい**

田中課長の立ち位置の確認

- 田中課長は、健幸弁当センターの社運を背負っている第3営業課の課長に抜擢された（指示書）
- 斉藤室長から、「前例にとらわれることなく、新たな顧客の開拓、‥中略‥‥などに力を注いで欲しい」、「具体的な行動を期待している」、「不退転の決意で臨んでもらいたい」、「そのための支援は惜しまない」とも言われた（指示書）
- 社長から、「私からも君を強く推薦」、「現場経験、‥‥中略‥‥、全社的な視点で仕事をしてきた経験を生かして頑張って欲しい」、「何とか早急に収益の柱になる事業を育てたい。そのためには、少々のリスクはいとわない」、「将来の繁栄は、君達若手社員の手で成し遂げて欲しい」など言われた
（案件2）
また、「組織運営をするにあたって何か気づくことがあれば忌憚のない意見を具申して欲しい。遠慮はいらない」とも言われた
（案件2）

したがって、中途半端な気持ちで臨んではマズイ。一方、思い切った手立てを打ってもよいという設定になっている

この立ち位置に照らして、
どのように分析し、どのようにアクションをするかを考えていきます。

これが、田中課長が置かれた立ち位置です。

貴方は、この立ち位置に照らして、どのように分析し、どのようにアクションをするかを考えなければなりません。

　一方、立ち位置が不明確なまま案件処理に臨んだ場合は、組織から期待されていることとは違う対応や、期待外れの対応になってしまう可能性があります。

　管理職としての"立ち位置"は非常に重要です。

　そして、管理職は、"立ち位置"に照らして、どこを目指して何を重視して何を達成するのか、具体的な方向性や方針が必要です。

（2）組織の方向性と自身の方針を検討する

　続いて、案件2を見ていきます。

　案件2は、東郷幸春社長（以下、「社長」といいます。）からのメールです。

　ここでは、まずは貴方への期待。次いで会社にとって脅威となり得る業界環境の変化と会社の経営に対する危機意識、そして、自社の強みなどについて述べられています。その上で、第3営業課の目的が日替わり弁当一事業体制からの脱却と更なる成長であることが示されています。一方、発足から4年が経過したが、まだ収益の柱には育っていない実状の中で、何とか早急に収益の柱になる事業を育てたい。そして、そのためには少々のリスクはいとわない。という決意が表明されています。

　最後の方には、「今後の新しい事業展開、新商品・サービスの収益化などについて、君の考えを聞かせて欲しい。また組織運営をするにあたって何か気づくことがあれば忌憚のない意見を具申して欲しい。遠慮はいらない」と貴方への要望が出されています。

貴方は、どうしましたか？

☐ 少ない時間の中で、あまりにも難しいので、未処理とした
☐ 取り急ぎ、「頑張ります」などの気持ちだけを書いた
☐ 適当に方向性を示した
☐ インバスケット演習の全体から分析をして、自分なりの方向性を示した
☐ インバスケット演習の全体から分析をして、根拠を伴って自分なりの方向性や方針を示した

ここでは、物凄い期待をかけられた貴方の"立ち位置"に照らすと、何らかのアクションは欲しいところです。

できれば、指示書および案件に書かれている情報全体を分析して、根拠を伴って方向性や方針を導き出して欲しいです。

（実際は、決められた短い時間内で詳細な分析まですることは難しいとは思います。）

**一方、営業課長がそんなことまで考えて良いのか？
といった疑問も**

案件2（社長からのメール）の上から10行目からには、「現場経験も豊富だし、社長室の一員として全社的な視点で仕事をしてきた経験もあるので、それらの経験を生かして頑張って欲しい」と、下から7行目からには、「忌憚のない意見を具申して欲しい。遠慮はいらない」と書かれています。

したがって、全社的な目線、経営的な目線で方向性や方針を考えなければならない、ということになります。

インバスケット演習で、裏読みなど考え過ぎる傾向にある方は、書くことをリスクと考え、ある程度考えたとしても回答用紙にそれを書かない場合があります。しかし、人材アセスメントの場合は、どんなに頭の中で素晴らしいことを考えていても書かれていないことは評価されませんので、指示書にも記載がある通り、思いついたことはなるべく記述された方が良いと思います。

話を戻しますが、ここで導き出される方向性や方針は、案件3以降の処理に影響を及ぼす場合があります。

つまり、マネジメントを行う場合は、方向性や方針にそってすべてに対処することが重要です。それが一貫性を持った対応と言えます。また戦略的な対応とも言えます。

一方、方向性や方針がないまま、案件3以降に臨んだ場合は、一貫性を欠いた対応となりがちになります。その場合は、部下など周囲からの信頼性にも悪影響を及ぼします。

また、結局は、後手後手の対応になったり、やり直したり、経営資源をムダに動かすことにもつながりかねません。

方向性・方針	一貫性	・ 戦術 ・ 施策 ・ 問題解決 ・ 対応 ・ 人材育成

（ポイント）
方向性や方針に基づいて、ぶれずに一貫した対応をすることが大切

インバスケット演習の受講者から、次のような感想を聞く時があります。

「目の前の処理に夢中になり、方針なんて全く考えませんでした」、「量が多いので読むのが精一杯でした」、「自分の経験の範囲でできることだけをやりました」、「このインバスケット演習で、自分は何をやれば良いのか、分からないまま終わりました」、「クレームなど優先順位付けはしましたが、組織の全体像までは全く考えませんでした」、「ほとんど帰国後の対処に先送りしてしまいました」

しかし、受講されるほとんどの方は企業や組織の中で、大いに期待をかけられている方です。「自分がいつでも組織を率いていく」くらいの気概と立ち位置を確立しておいて欲しいと思います。

では、新しい事業展開、新商品・サービスの収益化などについて方向性と方針を考えていきたいと思います。次ページ以降で健幸弁当センター（株）の内外の環境分析をしていきます。

まずは、健幸弁当センター（株）の全体像の確認です。
次ページには、本来"あるべき姿"と"現状"とを並べて掲載しています。両者のギャップを明確にし、さらに田中課長の立ち位置も考慮すると、今後の重要課題が浮かび上がってきます。

案件2	君の考えを聞かせて欲しい

組織の全体像は？

（あるべき姿）

- 経営理念「私たちは『安心・安全・衛生・信頼』をモットーに、『食』を通じて、お客様および関係者の健康と幸せ作りに貢献します」（指示書）
- 新たな収益の柱を確立することが急務で、そのために新規顧客の開拓や、新商品・サービスの開発および収益化をしていく（指示書）
- 日替わり弁当一事業体制からの脱却と更なる成長を目指す（案件2）

ギャップ

（現状）

- 当社の成長はここ数年鈍化しつつある（指示書）
- ライバル企業や新規参入企業との競合は激しさを増している。このような経営環境の変化に経営としては相当の危機意識を持っている（指示書）
- 社長の肝いりで組織した第3営業課は、発足から4年が経過したが、まだまだ収益の柱には育っていないのが実状（案件2）
- 今期もすでに半期が過ぎようとしているが、業績は停滞したまま。第3営業課の月次業績推移ではU年8月までの営業利益は▲3.2百万円である。少なくとも今期末（V年3月）の営業利益の赤字は必ず回避したい（案件7）

立ち位置

（重要課題）

①新規事業等を収益化し新たな収益の柱に育てる
②第3営業課の今期末（V年3月）の営業利益の赤字を回避する
③組織運営上の問題点があれば解決するために意見具申をする

さて田中課長に課された重要課題は、何でしょうか？

前ページに記載した通り、私なら、田中課長に課された重要課題は、以下の３つに絞り込みます。

①新規事業等を収益化し新たな収益の柱に育てる
②第３営業課の今期末（Ｖ年３月）の営業利益の赤字を回避する
③組織運営上の問題点があれば解決するために意見具申をする

①と②は、指示書や案件を丁寧に読み込めば、書いてあることです。しかし、沢山の情報が出ていますので惑わされないようにして、自分が求められている最重要課題を絞り込むことが大切です。

③の「組織運営上の問題点があれば解決するために意見具申をする」をあげたのは、社長からのメールに「組織運営をするにあたって何か気づくことがあれば忌憚のない意見を具申して欲しい。遠慮はいらない」とあったことと、案件全体の情報から、どうもこの組織には、いたる所に問題が山積している。結果として、業績の足を引っ張っている可能性が高いと考えたためです。

このように組織全体の方針や状況、自分への期待などから、自分が取り組むべき重要課題を明らかにすること（外さないようにすること）が、管理職にとって極めて重要です。

その上で、これらの重要課題を解決するための具体的な方向性と方針（※ここでは、組織全体の方向性や方針ではなく、管理職（第３営業課長）としての自身の考えとしての方向性や方針ということになります）を設定する必要があります。それらが、各案件の処理を行う際の羅針盤（判断基軸）になります。

一方、羅針盤なく船を出航させてしまった場合（＝方向性や方針なく、案件処理をしてしまった場合）は、方向性のない場当たり的な航海（各案件処理）になってしまいます。

　具体的な方向性と方針は、インバスケット演習全体から導き出す必要がありますので、次ページ以降でさらに詳しく見ていきます。
　まずは、商品・サービス分野ごとの市場環境や組織の状況を見ていきます。最初は、第1チームを見ていきます。

管理職として、自身がやるべき重要課題を絞り込むことは、人材アセスメントにおいても、勿論重要ですので、必ず押さえてください。
指示書や案件を丁寧に熟読すれば、だいたい分かると思います。その際、「自分に課される使命はなんだろう？」ということを念頭におきながら、逆算的に読み込めば重要な情報をキャッチすることができるはずです。
また、インバスケット演習の全体情報から組織に共通する重要な問題（真因・ボトルネック）を見つけ出すこともヒントになります。問題の裏返しが課題になるからです。

案件2	君の考えを聞かせて欲しい

第1チーム（医者向け、会議用など）

（市場環境）

【医者向け】
- ニッチ市場なので、<u>製薬会社への営業次第では伸ばすことは可能</u>と言われている（指示書）
- 一方、公正取引委員会が<u>今後製薬会社の製品説明会での弁当提供の禁止を検討している</u>うわさもある（指示書）

【会議用、慶事、お祝い用】
- 以前からある市場で<u>競争は激しい</u>（指示書）
- <u>利用者への提案次第では成長の余地はある</u>とされている（指示書）

【共通】
- アンケート調査で、<u>日替わり弁当以外の商品、お弁当アプリでの注文、キャッシュレス決済</u>などが求められている（案件14-B）
- 少子高齢化と女性の社会進出、ライフスタイルの多様化を背景に、食品宅配市場の規模は引き続き順調に推移し、Z年度の市場規模はU年度比106.2%の<u>2兆5,000億円に達する</u>と予測する。今後も食品宅配は<u>シニア層や共働き世帯</u>を主なターゲットに日常的な利用が加速し、<u>生活に不可欠なサービスとして定着するだろう</u>。との調査レポートがある。（案件17②）
- <u>ミールキット（料理キット）市場の好調</u>が特に注目される。最近は高齢・単身世帯の需要も高まっており、<u>参入各社は大きな成長を見込んでいる</u>。（案件17②）

- 第1チームは、<u>前期28.2百万円の営業赤字</u>（案件1-B②）
- <u>4期連続で、営業赤字</u>（案件1-B②）

案件2　君の考えを聞かせて欲しい

第1チーム（医者向け、会議用など）

（組織の状況）

- リーダー：1名、メンバー：2名　（案件1－C）
- リーダー　中原　正彦：元IT企業出身。インターネットを通じた集客などに詳しく、実績もある。成果獲得意欲は高いが、これまで収益に結びついていないところを本人は歯がゆく思っているようだ。一方、やや強引なところが有り、単独行動も目立つ（案件1－C）
- 中原リーダー、久留米は、年次有給休暇の取得率が悪い（案件3）
- 中原リーダーは、部下（野口）の提案に対して、「そんなことを考える暇があるのなら、見込み顧客へのアポ取りや、訪問軒数を増やすように」と指示する（案件5）
- 久留米は、競合他社の情報をあげるなど、前向きな行動をする（案件6）
- 中原リーダーは、Webでの販売促進や有名シェフが監修するお弁当の提案など前向きに行動をする。
  一方、柴田仕入課長から、「中原リーダーはこのあたりのリスクや利益率をちゃんと考えて、商品設計をしているのでしょうか。すこし疑問を感じます。これまでも同様のことがありました」との声がある
  （案件8、案件11、案件13）
- 工場から、「慶事・お祝いプランの注文の件で、変更や、キャンセルなどが相次ぎ、結果として、製造工程の混乱や材料の廃棄が大量に発生した」と報告があった（案件18）
- また、「第3営業課の商品に関わる製造が始まってからは、当社の売上原価率は上昇傾向にあります。一旦は、改善されましたが、ここに来て再度上昇する傾向にあるようです」と言う　（案件18）

（案件1－B②）

案件2　君の考えを聞かせて欲しい

第1チーム（医者向け、会議用など）

【第1チーム　医者向け、会議向けなど】
U年3月末現在
（単位：百万円）

	Q年3月	R年3月	S年3月	T年3月	U年3月
売上高		50	80	100	125
材料費		31.0	48.0	58.0	77.5
労務費		8.8	14.1	17.7	21.9
その他原価		10.5	16.0	20.0	25.0
売上原価		50.3	78.1	95.7	124.4
売上総利益		−0.3	1.9	4.3	0.6
販管費		17.0	18.4	20.0	28.8
営業利益		−17.3	−16.5	−15.7	−28.2

※間接部門等の経費は、商品分野ごと売上・人件費割合に応じて按分し販管費に配賦した

どう分析しましたか？

- ✓ 時系列で流れをみます（売上高、利益金額など）
- ✓ 金額の比較だけでは不十分です。比率を算出しましたか？

【第1チーム　医者向け、会議向けなど】
U年3月末現在
（単位：百万円）

	Q年3月	R年3月	S年3月	T年3月	U年3月	
売上高		50	80	100	125	←増加傾向
材料費		31.0	48.0	58.0	77.5	←特に悪化
労務費		8.8	14.1	17.7	21.9	
その他原価		10.5	16.0	20.0	25.0	
売上原価		50.3	78.1	95.7	124.4	
売上総利益		−0.3	1.9	4.3	0.6	←前期悪化
売上総利益率		−0.6%	2.4%	4.3%	0.5%	←同上
販管費		17.0	18.4	20.0	28.8	←徐々に増加傾向
営業利益		−17.3	−16.5	−15.7	−28.2	←前期悪化
営業利益率		−34.6%	−20.6%	−15.7%	−22.6%	←前期悪化

※間接部門等の経費は、商品分野ごと売上・人件費割合に応じて按分し販管費に配賦した

まず 88 ～ 89 ページでは、第 1 チームの事業について、市場環境や組織の状況に関する定性情報（※）を抜き出して、箇条書きにしました。定性情報は、指示書や各案件からほぼそのまま抽出しています。

　次いで、前ページでは、案件 1 -B ②に記載があった第 1 チームの売上高や利益などの業績推移表と、それを分析した表を載せました。

　こういった数字情報などを定量情報（※）と言います。

※定性情報とは、定量情報以外の情報で、数値化できない情報のことです。（文章、画像など）

※定量情報とは、数値化が可能で集計や分析が可能な情報のことです。（売上高、アンケート結果など）

　このような定性情報や定量情報を組み合わせて分析することで現状把握を行います。

　その上で、今後の方向性や方針を導き出していくことになります。

さて、貴方は定量情報どう分析しましたか？

☐ Ｕ年３月期の売上高のみ確認した

☐ Ｕ年３月期の売上高と営業利益のみ確認した

☐ Ｕ年３月期の営業利益が赤字であることを確認した

☐ 時系列で売上高や売上総利益、営業利益の流れを見た

☐ 売上総利益率や営業利益率を算出した

☐ 時系列で売上総利益率や営業利益率の流れを見た

☐ 時系列で原価費目ごとの売上高に対する比率を算出した

☐ その上で、定性情報との整合性を確認した

☐ 傾向性を確認し、今後の予測につなげようとした

☐ この表は第１チームの事業の合算の数値となっており、これで
　は不十分を考え、医者向け、会議用、接待用、慶事、お祝い用
　それぞれの業績が分かる情報の提供を求めようとした

定量情報を分析する際には、以下が留意ポイントです

➤ 時系列で流れを見る

　傾向を把握できる場合があります

➤ 金額だけでなく、比率でも見る

　悪化あるいは良化の要因を把握できる場合があります

➤ さらに細分化した情報を見る

　悪化あるいは良化の要因を把握できる場合があります

　（例：医者向け、会議用などそれぞれの業績が分かる情報）

さて、本題に戻りましょう。90ページの表から、第1チームの事業の定量情報を分析すると、以下のようなことが分かってきます。

[定量情報の分析]

- 売上高は、増加傾向。毎期増収してきている
  そしてこれは、88ページに記載した「製薬会社への営業次第では伸ばすことは可能」、「利用者への提案次第では成長の余地はある」という第1チームの事業の市場環境からすれば、努力をしてきたので実績が伴ったと言える
- 売上総利益は、前期は悪化した
- 売上総利益率は、-0.6％のマイナスのスタートから、2.4％、4.3％と伸ばしてきたが、前期0.5％に悪化した
  （ここで何でだろう？もしかすると、案件13で柴田課長が言及した「中原リーダーはこのあたりのリスクや利益率をちゃんと考えて、商品設計をしているのでしょうか。すこし疑問を感じます。これまでも同様のことがありました」という情報から、何らかの原価率が上昇した結果、売上総利益率が悪化したのかもしれない？
  ↑このように、さらに踏み込んで考えた方がいましたら素晴らしい！と思います。
  実際、原価費目ごとの売上高に対する比率を算出すると、売上高に対する材料費の比率が、62％→60％→58％→62％と推移しており、一旦下がったが、前期に比率が高まっていることが分かります。一方、他の原価費目はさほど変化がありませんでした。
- 販管費は、増加傾向。しかし、売上高に対する比率はさほど変わっていない
- 営業利益は、R年3月期以来赤字で、マイナス幅は一旦縮小したが、前期悪化し大きな赤字（-28.2百万円）となった
- R年3月期から赤字続きで、現時点では不採算部門と言える。特

に、売上総利益額がほとんど上がっておらず厳しい状況と言える

　次に、88 ～ 89 ページに記載した定性情報と上記の定量情報の分析を踏まえて、第1チームの事業について、さらに分析をしていきます。

　君の考えを聞かせて欲しい

第1チーム（医者向け、会議用など）

前ページまでの情報、あるいは他の情報から分析していきます

【分析】

- ○ 医者向けは、製薬会社への営業次第では伸ばすことは可能
- ○ 競争が激しいが、利用者への提案次第では成長の余地はある
- ○ 日替わり弁当以外の商品、お弁当アプリでの注文、キャッシュレス決済などの顧客ニーズはある
- ○ 食品宅配は、シニア層や共働き世帯を主なターゲットに日常的な利用が加速するとの予測がある
- ○ ミールキット（料理キット）は今後の成長が見込まれている
- ○ 中原リーダーは、インターネットを通じた集客などに詳しく実績もある。成果獲得意欲は高く、前向きに行動する
- ○ メンバー（久留米、野口）は、前向きな行動をする
- × 医者向けは、製品説明会での弁当提供の禁止が検討されているうわさがある
- × 前期は28.2百万円の営業赤字で4期連続赤字。原価率が高く売上総利益額を稼げない
- × 中原リーダーは、やや強引なところが有り、単独行動も目立つ
- × 中原リーダーは、拙速感や雑な面があることも否めない
- × 中原リーダーは、部下（野口）の提案に対して素っ気ない対応をした→部下指導に疑問も？
- × 柴田仕入課長の声からすると、中原リーダーは、各種のリスクや利益率の計算が甘い商品設計をしている可能性が高い
- × 製造部から、売上原価率が上昇傾向にあるとの指摘を受けている
- × コンセプト、ターゲット、営業戦略、利益目標などが不明確なまま場当たり的な営業展開になっている可能性がある
- × "営業は足で稼げ"というモットー（かつての成功体験）が、新たな事業領域には馴染まない可能性がある

※　○はプラス材料、×はマイナス材料

前ページでは、第1チームの事業について、88 ～ 89 ページに記載した定性情報と、90 ページの定量情報の分析を踏まえて、さらに分析をしています。

　プラス材料になる情報には○を、マイナス材料になる情報には×を付けています。

　ここでは、少し仮説（※）も使っています。
　例えば、次の事柄です。

- 「中原リーダーは、部下指導に疑問も？」

- 「中原リーダーは、各種のリスクや利益率の計算が甘い商品設計をしている可能性が高い」

- 「中原リーダーは、やや拙速感や雑な面があることも否めない」

- 「コンセプト、ターゲット、営業戦略、利益目標などが不明確なまま場当たり的な営業展開になっている可能性がある」

　そのような情報はありますが、本当かどうかは検証が必要です。

※仮説とは、仮の答え。仮に立てる説。の意味で使っています。
　例：この事業はこうすれば儲かるはずだ。この問題の原因はここにあるかもしれない。など

仮説の考え方・立て方の例

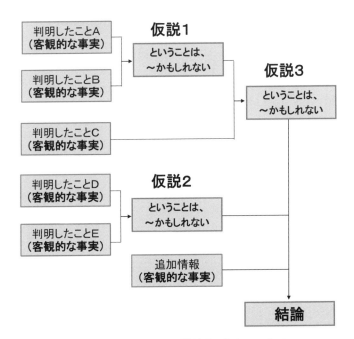

なお、仮説は必ず検証を行います

ちなみに、インバスケット演習では、不明な情報も多いため、仮説を使うことは必要だと私は考えています。ただし、指示書および各案件にある複数の情報をしっかりと精査したうえで、それと紐付けながら慎重に仮説の設定、およびその検証をすることが必要です。多くの事実や仮説の積み上げがあればより信頼性は高まります。一方、思いつきはNGです。

　さて、本題に戻りましょう。次は 95 ページの分析を踏まえて、第1チームの事業の今後の方向性を導き出します。

案件2　君の考えを聞かせて欲しい

第1チーム（医者向け、会議用など）

前ページまでの分析から以下の方向性を導きだします

【今後の方向性の例】

> 場当たり的な営業活動からの脱却を目指す
> 利益目標を明確にして、組織として利益管理を厳格に行う
> 商品設計をする際は、原材料の廃棄や価格変動などのリスクを考慮し利益率の計算をしっかりと行う。また販売促進費は事前に計画に織り込むようにする
> 製造工程の混乱は会社全体の生産性を落とすため、改善が必要である。今後、製造部と事前のコミュニケーションを密にとる。また商品・サービスごとに注文変更やキャンセルなどの期限の明確化や、損失が出ないようにキャンセル料の設定などを行う
> 市場予測などから中心的なターゲットを明確にするとともに営業戦略を立て、具体的な営業計画に落とし込み、計画的に営業活動を展開する。なお新たな事業領域には昔の成功体験（営業は足で稼げ）が通じない場合もあるので、柔軟な発想で営業手法も考える
> 現在行っている医者向けおよび会議用、慶事、お祝い用については、すでに4年やって結果が出ないので、詳細分析の上、不採算分野は撤退することを検討する
> 今後の新商品・サービスについては、シニア層や共働き世帯による食品宅配の日常的な利用が加速するとの予測があるため有力なターゲットとして検討する。その際、ミールキット（料理キット）は、当社の経営資源でも対応が可能と思われるため特に有力な商品候補とする
> 中原リーダーのマネジメント（人材育成、利益管理など）を機能させる
> 年次有給休暇を計画的に取得させるなど、働きやすい職場環境に整えていく
　　など

※但し、これらは一例です。

前ページでは、第１チームの事業について、今後の方向性の例を示しました。

　方向性の“例”としているのは、<u>解はこれ以外にあっても良い</u>という意味です。

　組織目標を達成することが、マネジメントを担う管理職や経営幹部の使命ですが、それを達成するための手段は、いろいろとあっても良いということです。

　さらにいえば、経営やマネジメントの判断に100％正解の解はないのです。

　それは多くの企業が既に証明しています。
（例）
・成功すると思ってＭ＆Ａをしたが大失敗に終わった
・大きな成長が見込まれるアジアに進出したが、巨額の赤字を計上し、撤退を余儀なくされた

　ただし、ビジネスの世界では、<u>なるべく成功の確率が高いものを導き出すことが求められます</u>。

何故、成功確率が高いものを導き出す必要があるのでしょうか？

　既に書きましたように組織の経営資源は限られているからです。

　例えば、部下が100人いる場合、100人の部下（経営資源）は貴方が決めた方向性に向けて動くことになります。そして、100人の部下が動けば、100人分の人件費や時間（経営資源）がかかります。
　1,000人の場合は、1,000人の部下が動きます。
　このように限られた経営資源を動かすことになるからです。

したがって、なるべく成功する可能性が高い方向性や重要課題、そして実行手段を慎重に導き出すことが求められます。

　これは部下が多ければ多いほど、動かす他の経営資源が多ければ多いほど、その責任は重くなっていきます。

　なるべく成功する可能性が高い方向性や重要課題を導き出すためには、

　事実情報を丁寧に拾い集めて、しっかと整理・分析して、論理的に結論づけることが必要です。

　その際の思考プロセスのイメージ図を次ページに掲載します。ご参考にしてください。

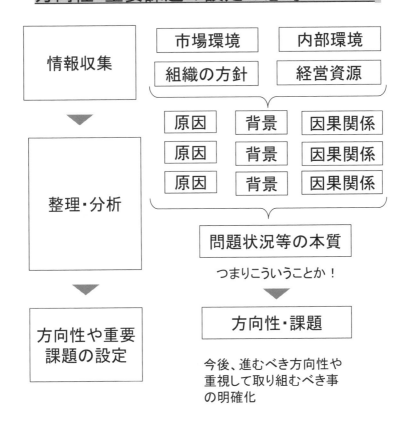

方向性・重要課題の設定の思考プロセス

情報収集

市場環境　　内部環境
組織の方針　　経営資源

整理・分析

原因　背景　因果関係
原因　背景　因果関係
原因　背景　因果関係

問題状況等の本質

つまりこういうことか！

方向性や重要
課題の設定

方向性・課題

今後、進むべき方向性や
重視して取り組むべき事
の明確化

　さて、本題に戻りますが、98 ページに記載した「今後の方向性
の例」は、第1チームの事業について示したものです。仮置きと考
えてください。第3営業課全体の今後の方向性は、各事業の分析を
すべて行った後に、まとめていきたいと思います。

　次は、第2チームの事業の市場環境や組織の状況を見ていきます。

　君の考えを聞かせて欲しい

第2チーム（葬儀・法要・イベントなど）

（市場環境）

【葬儀・法要】
- 葬儀・法要は、大規模なものより、家族葬など小規模化していくことが見込まれ、市場は縮小傾向が予想されている（指示書）
- 一方、葬儀業界主導の業界慣行は崩れ始めている。また葬儀社の淘汰も増えており、利用者への提案次第では成長の余地はあるとされている（指示書）

【イベント用】
- 以前からある市場で競争は激しい（指示書）
- 利用者への提案次第では成長の余地はあるとされている（指示書）
- アンケート調査で、会社行事、季節行事、パーティなどで、配送弁当を利用するという結果が出ている（案件14-B）

【共通】
- 第2チームは、前期1.2百万円の営業赤字（案件1-B②）
- 4期連続で営業赤字だが、赤字幅は縮小傾向にある（案件1-B②）

| 案件2 | 君の考えを聞かせて欲しい |

第2チーム（葬儀・法要・イベントなど）

（組織の状況）

- リーダー：1名、メンバー：2名　（案件1－C）
- リーダー　早川　慎二：現場のたたき上げ。現場で身につけた"とにかく営業は足で稼げ"をモットーに新規開拓も積極的に取り組み、これまで葬儀社やイベント会社などの顧客を増やしてきている（案件1－C）
- 早川リーダーは、年次有給休暇の取得率が悪い（案件3）
- 第1営業課の野村課長は、配送時間や配送エリアのことで融通がきかなくて困ると言う（案件4）
- 一方、野村課長は、効率的な配送体制は当社の生命線なので、配送エリアや配送ルートのことは譲れないと言う（案件19）
- 井上から、退職の相談があった。「最近、自分の限界を感じ始めています」、「心労がかさみます」、「特に営業ノウハウなどを教わってはいません」、「なかなか思うように成果をあげることもできていません」、「飯塚部長のハッパに、私も緊張を感じます」、「さらに営業ノルマも厳しくなりつつありますが、自分はちょっとついていけない感じ」、「同期の宮代一馬君は、楽しそうにやっていて、成績も良いのでうらやましい」と言う（案件16）
- 「第3営業課の商品に関わる製造が始まってからは、当社の売上原価率は上昇傾向にあります。一旦は、改善されましたが、ここに来て再度上昇する傾向にあるようです」と言う　（案件18）

案件2　　君の考えを聞かせて欲しい

第2チーム（葬儀・法要・イベントなど）

（案件1-B②）

【第2チーム　葬儀・法要・イベント向けなど】
U年3月末現在 （単位：百万円）

	Q年3月	R年3月	S年3月	T年3月	U年3月
売上高		70	100	130	165
材料費		37.1	53.0	67.6	84.2
労務費		11.9	17.1	22.4	28.5
その他原価		13.8	19.7	25.6	32.5
売上原価		62.8	89.8	115.6	145.2
売上総利益		7.2	10.2	14.4	19.8
販管費		18.0	19.0	20.0	21.0
営業利益		-10.8	-8.8	-5.6	-1.2

※間接部門等の経費は、商品分野ごと売上・人件費割合に応じて按分し販管費に配賦した

【第2チーム　葬儀・法要・イベント向けなど】
U年3月末現在 （単位：百万円）

	Q年3月	R年3月	S年3月	T年3月	U年3月	
売上高		70	100	130	165	─増加傾向
材料費		37.1	53.0	67.6	84.2	
労務費		11.9	17.1	22.4	28.5	
その他原価		13.8	19.7	25.6	32.5	
売上原価		62.8	89.8	115.6	145.2	
売上総利益		7.2	10.2	14.4	19.8	─増加傾向
売上総利益率		10.3%	10.2%	11.1%	12.0%	─やや良化傾向
販管費		18.0	19.0	20.0	21.0	─やや増加傾向
営業利益		-10.8	-8.8	-5.6	-1.2	─もう少しで黒字化可能
営業利益率		-15.4%	-8.8%	-4.3%	-0.7%	─良化傾向

※間接部門等の経費は、商品分野ごと売上・人件費割合に応じて按分し販管費に配賦した

まず102 〜 103 ページでは、第2チームの事業について、市場環境や組織の状況に関する定性情報を抜き出して箇条書きにしました。定性情報は、指示書や各案件からほぼそのまま抽出しています。
　次いで、104 ページでは、案件 1 － B ②に記載があった第2チームの事業の売上高や利益などの表と、それを分析した表を載せました。

［定量情報の分析］
　分析方法は、第1チームの事業と同様です。

　104 ページの表から、第2チームの事業の定量情報を分析すると、以下のようなことが分かってきます。
- 売上高は、右肩上がりに伸びている
- 売上総利益も、同様
- 売上総利益率は、良化してきている
- 販管費は、やや増加傾向
- 営業利益は、マイナス幅が縮小傾向。もう少し売上高が上がれば、損益分岐点売上高（※）を超えることになり、黒字可能と思われる

※損益分岐点売上高とは
売上高と費用の額がちょうど等しくなる売上高のことを言います。
計算式は、以下です。
損益分岐点売上高 ＝固定費÷（ 1 －（変動費÷売上高））
　　　　　　　　＝固定費÷（ 1 －変動費率）

U年3月期の第2チームの数字で考えてみますと、以下のように
なります。
（※なお、本来は、固定費と変動費を精査して算出するのですが、
ここでは簡略化して考えます。）

売上高：１６５百万円…………売上高
固定費：２１百万円…………販管費の金額
変動費：１４５.２百万円 …売上原価の金額
２１÷（１－（１４５.２÷１６５）＝１７５百万円

　つまり、固定費、変動費率が同様の条件であれば、１７５百万円
の売上高を確保できれば、収支は均衡し赤字にはならないというこ
とになります。

　なお、損益分岐点売上高の考え方につきましては、次ページの図
を見ていただくとイメージしやすいと思います。

損益分岐点売上高

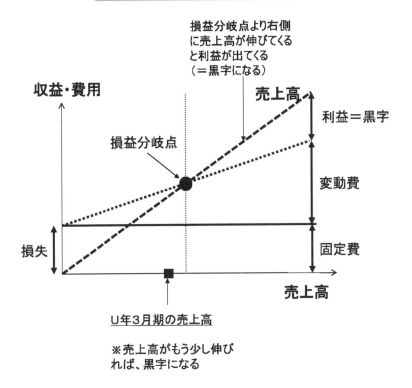

損益分岐点より右側
に売上高が伸びてくる
と利益が出てくる
（＝黒字になる）

収益・費用

売上高

利益＝黒字

損益分岐点

変動費

損失

固定費

売上高

U年3月期の売上高

※売上高がもう少し伸び
れば、黒字になる

　次に、102 〜 103 ページに記載した定性情報と 104 ページの定量情報の分析を踏まえて、第2チームの事業について、さらに分析をしていきます。

案件2　君の考えを聞かせて欲しい

第2チーム（葬儀・法要・イベントなど）

前ページまでの情報、あるいは他の情報から分析していきます

【分析】

○ 葬儀・法要用は、業界慣行が崩れ始めていたり、葬儀社の淘汰も増えており、利用者への提案次第では成長の余地はある
○ イベント用は、競争が激しいが、利用者への提案次第では成長の余地はある
○ 既存顧客のアンケートで、会社行事、季節行事、パーティなどで、配送弁当を利用するという顧客ニーズはある
○ 4期連続で営業赤字だが、赤字幅は縮小傾向にあり、売上高をもう少し上げれば、黒字転換は可能と考えられる
○ 実際、売上高は伸びている。また売上総利益率も良化してきているので、黒字転換は十分に期待できる
○ 早川リーダーは、"とにかく営業は足で稼げ"をモットーに新規開拓も積極的に取り組み、これまで葬儀社やイベント会社などの顧客を増やしてきている
× 部下（井上）から退職の申し出があった。"とにかく営業は足で稼げ"という昔ながらの手法や、厳しすぎるノルマ、部長も含めた上司の態度や職場の雰囲気などに問題がありそう。また営業ノウハウなどの部下指導に疑問も？一方、第3チームの同期は育っており、モチベーションも高そう
× 配送エリアのことで、第1営業課長と意見の相違がある
× 製造部から、売上原価率が上昇傾向にあるとの指摘を受けている
× 利益目標や営業配送エリアなどが不明確なまま場当たり的な営業展開になっている可能性がある

※　○はプラス材料、×はマイナス材料

前ページでは、第2チームの事業について、102 ～ 103 ページに記載した定性情報と、104 ページの定量情報の分析を踏まえて、さらに分析をしています。

　プラス材料になる情報には○を、マイナス材料になる情報には×を付けています。

　ここでも、少し仮説を使っています。
　例えば、次の事柄です。

- 4期連続で営業赤字だが、赤字幅は縮小傾向にあり、売上高をもう少し上げれば、黒字転換は可能と考えられる
- 実際、売上高は伸びている。また売上総利益率も良化してきているので、黒字転換は十分に期待できる

- 井上の退職の申し出
　　　↓
　　（なぜ？）

- "とにかく営業は足で稼げ" という昔ながらの手法や、厳しすぎるノルマ、部長も含めた上司の態度や職場の雰囲気などに問題がありそう
- 営業ノウハウなどの部下指導に疑問も？なぜなら、第3チームの同期（宮代）は育っており、モチベーションも高そう

- 利益目標や営業配送エリアなどが不明確なまま場当たり的な営業展開になっている可能性がある

　次は前ページの分析を踏まえて、第2チームの事業の今後の方向性を導き出します。

案件2　君の考えを聞かせて欲しい

第2チーム（葬儀・法要・イベントなど）

前ページまでの分析から以下の方向性を導きだします

【今後の方向性の例】

> 利益目標を明確にして、組織として利益管理を厳格に行う
> 葬儀・法要用およびイベント用の弁当・料理は、ともに利用者への提案次第では成長の余地はあるとの見通しがあり、また実際、売上高を伸ばしてきているので、基本的にはこのまま継続する。ただし、それぞれの商品分野の損益状況を詳細に分析し、さらに利益率を高めていく
> 日替わり弁当の既存顧客に対して、会社行事、季節行事、パーティなどの際に、当社の商品・サービスを利用してもらうように、第1営業課、第2営業課を巻き込んで働きかけていく
> 配送エリアについては、「効率的な配送体制は当社の生命線」という意見は無視できない。自社の経営資源の強みを弱めるのは得策ではない。したがって、①これまでの配送エリアを守っていく、②別の配送部隊を自社で確保する、③外部の配送会社に委託するなどの選択肢から今後方向性を決めていくこととする
> 早川リーダーのマネジメント（人材育成、利益管理など）を機能させる。特に人材育成は自身の経験則だけではなく、組織としてOJTなど育成計画を立て計画的に人材育成を行う。また営業マニュアルの整備なども行う
> 年次有給休暇を計画的に取得させるなど、働きやすい職場環境に整えていく
> など

※但し、これらは一例です。

　上記に、第2チームの事業について、今後の方向性の例を示しました。
　次は、第3チームの事業の市場環境や組織の状況を見ていきます。

第3チーム（介護施設、病院、幼稚園、保育園など）

（市場環境）

【介護施設向け】
- 高齢化の進展により、介護施設が増加傾向にあり、今後も需要の拡大（年3%程度）が期待できる（指示書）
- 刻み食や個別でのきめ細かい対応、問題発生時のフォロー体制などが選定基準になる（指示書）

【病院向け】
- 患者給食と職員給食とがある。今後は微減が続くと予想されている（指示書）

【幼稚園、保育園向け】
- 衛生面や安全性が選定基準になる（指示書）

【共通】
- これらの施設では、基本的には業者を頻繁に変えることは少ない（指示書）
- 安全な調理環境を整え、長期的な信頼関係を構築できるかがカギになると言われている（指示書）
- アンケート調査で、コールセンターのきめ細かな対応が求められている（案件14-B）

- 第3チームは、前期19.6百万円の営業黒字（案件1-B②）
- 4期連続で、増収増益（案件1-B②）

君の考えを聞かせて欲しい

第3チーム（介護施設、病院、幼稚園、保育園など）

（組織の状況）

- リーダー：1名、メンバー：2名 （案件1－C）
- リーダー 湊 明奈：地道に成果獲得を目指すタイプ。きめの細かい丁寧な対応は顧客からの評判も高い。また、部下も順調に育っている（案件1－C）
- 湊リーダーは、年次有給休暇の取得率が悪い（案件3）
- C介護サービスからのクレームの手紙が社長宛てに届いた（案件9）
- 「コールセンターで受け付けてもらっていますが、受付のミスがたびたび発生し、顧客からのクレームにもつながっています」
  「鮎沢課長に度々申し入れを行っているのですが、周知が徹底されていないようです」
  「鮎沢課長は、コールセンターは、朝は戦争状態なんだ。毎日4万食の注文の受け付けをこなしているんだ。そんな細かな注文の受付は、そもそもムリがある。そんなに言うんだったら、第3営業課で受け付ければいいじゃないかなんて言うんです」
  「ただ、このようなことが続くと取り引きの継続が危ぶまれます。ワンチームという意識でやった方がよいと思うのですが」（案件15）
- 「同期の宮代一馬君は、楽しそうにやっていて、成績も良いのでうらやましい」という（案件16）

第3チーム（介護施設、病院、幼稚園、保育園など）

(案件1－B②)

【第3チーム　介護施設・病院・幼稚園・保育園向けなど】
U年3月末現在 （単位：百万円）

	Q年3月	R年3月	S年3月	T年3月	U年3月
売上高		80	120	170	210
材料費		35.2	52.2	73.9	91.4
労務費		12.9	20.3	28.9	36.1
その他原価		15.2	22.8	32.3	39.9
売上原価		63.3	95.3	135.1	167.4
売上総利益		16.7	24.7	34.9	42.6
販管費		17.0	19.0	21.0	23.0
営業利益		−0.3	5.7	13.9	19.6

※間接部門等の経費は、商品分野ごと売上・人件費割合に応じて按分し販管費に配賦した

【第3チーム　介護施設・病院・幼稚園・保育園向けなど】
U年3月末現在 （単位：百万円）

	Q年3月	R年3月	S年3月	T年3月	U年3月	
売上高		80	120	170	210	←増加傾向
材料費		35.2	52.2	73.9	91.4	
労務費		12.9	20.3	28.9	36.1	
その他原価		15.2	22.8	32.3	39.9	
売上原価		63.3	95.3	135.1	167.4	
売上総利益		16.7	24.7	34.9	42.6	←増加傾向
売上総利益率		20.9%	20.6%	20.5%	20.3%	←やや悪化傾向
販管費		17.0	19.0	21.0	23.0	←やや増加傾向
営業利益		−0.3	5.7	13.9	19.6	←増加傾向
営業利益率		−0.4%	4.8%	8.2%	9.3%	←良化傾向

※間接部門等の経費は、商品分野ごと売上・人件費割合に応じて按分し販管費に配賦した

まず111 〜 112 ページでは、第3チームの事業について、市場環境や組織の状況に関する定性情報を抜き出して箇条書きにしました。定性情報は、指示書や各案件からほぼそのまま抽出しています。

　次いで、113 ページでは、案件1 − B②に記載があった第3チームの事業の売上高や利益などの表と、それを分析した表を載せました。

［定量情報の分析］

　113 ページの表から、第3チームの事業の定量情報を分析すると、以下のようなことが分かってきます。

- 　売上高は、右肩上がりに順調に伸びている
- 　売上総利益も、同様
- 　売上総利益率は、やや悪化傾向だが、水準は悪くない
- 　販管費は、やや増加傾向
- 　営業利益は、右肩上がりに順調に伸びている

　次に、111 〜 112 ページに記載した定性情報と上記の定量情報の分析を踏まえて、第3チームの事業について、さらに分析をしていきます。

案件2	君の考えを聞かせて欲しい

第3チーム（介護施設、病院、幼稚園、保育園など）

前ページまでの情報、あるいは他の情報から分析していきます

【分析】

- ○ 介護施設向けは、高齢化の進展により、介護施設が増加傾向にあり、今後も需要の拡大（年3％程度）が期待できる
- △ ただし、刻み食や個別でのきめ細かい対応、問題発生時のフォロー体制などが選定基準になる
- ○ これらの施設では、基本的には業者を頻繁に変えることは少ない
- ○ 湊リーダーは、地道に成果獲得を目指すタイプ。きめの細かい丁寧な対応は顧客からの評判も高い。また、部下も順調に育っている
- ○ 第2チームの井上は、「宮代一馬君は、楽しそうにやっていて、成績も良いのでうらやましい」と言う。→第3チームは活性化している？
- ○ 前期は19.6百万円の営業黒字。4期連続で、増収増益で今後も期待できそう
- △ 幼稚園、保育園向けは、衛生面や安全性が選定基準になる
- △ これらの施設では安全な調理環境を整え、長期的な信頼関係を構築できるかがカギになる
- △ アンケート調査で、コールセンターのきめ細かな対応が求められている
- × 病院向けは、今後は微減が続くと予想されている
- × 湊リーダーは、年次有給休暇の取得率が悪い
- × C介護サービスからのクレームの手紙が社長宛てに届いた→コールセンターの問題か？
- × コールセンターで受付のミスがたびたび発生し、顧客からのクレームにもつながっている。このようなことが続くと取り引きの継続が危ぶまれる
- × しかし、鮎沢課長は開き直ったかのような反論をした→組織間の協力意識や注文の受付体制が整っていないか？

※　○はプラス材料、×はマイナス材料、△はどちらにもなる材料

前ページでは、第3チームの事業について、111 〜 112 ページに記載した定性情報と、113 ページの定量情報の分析を踏まえて、さらに分析をしています。

　プラス材料になる情報には○を、マイナス材料になる情報には×、どちらにもなる情報には△を付けています。

　ここでも、少し仮説を使っています。
　例えば、次の事柄です。

- 第3チームは活性化している？
  →部下育成がなされている。またモチベーションも高い
- 4期連続で、増収増益で今後も期待できそう
- C介護サービスからのクレームの手紙が社長宛てに届いた→コールセンターの問題か？
- 鮎沢課長は開き直ったかのような反論をした→組織間の協力意識や注文の受付体制が整っていないか？

　そのような情報はありますが、本当かどうかは検証が必要です。

　次は前ページの分析を踏まえて、第3チームの事業の今後の方向性を導き出します。

案件2 ┃ 君の考えを聞かせて欲しい

第3チーム（介護施設、病院、幼稚園、保育園など）

前ページまでの分析から以下の方向性を導きだします

【今後の方向性の例】

> 介護施設、病院、幼稚園、保育園向け、それぞれの損益状況を詳細に分析した上で、介護施設向けを中心に事業展開をしていく
> これらの施設などでは、個別でのきめ細かい対応や、問題発生時のフォロー体制、衛生面、安全性が選定基準になるので、受付、製造、安全衛生、フォローなどの体制をより一層充実させる
> 特に、現在コールセンターの受付業務に対するクレームが発生しているので、①コールセンターのスタッフに対して再度教育と周知を行う、②第3営業課に関わる受付業務は第3営業課で行う、③コールセンターの中に専用の受付チームを別に設置するなど、早急に何らかの対策を実施する
> 湊リーダーのマネジメント（人材育成、利益管理など）のやり方を会議などで、各リーダーと共有化する
> 年次有給休暇を計画的に取得させるなど、働きやすい職場環境に整えていく
> など

※但し、これらは一例です。

　上記で、第3チームの事業について、今後の方向性の例を示しました。

　ここでは、「介護施設向けを中心に事業展開をしていく」という方向性を打ち出しました。
　理由は、「高齢化の進展により介護施設が増加傾向にあり、今後も需要の拡大（年3％程度）が期待できる」という記述が指示書の

参考情報2にあることと、第3チームの業績が実際に増収増益であるためです。

　マクロ経済要因と企業の経営・事業は、ある程度連動しやすく、以下の図のように、「上昇トレンドであれば、成果を出しやすい」、一方、「下降トレンドであれば、成果を出しにくい」と言えます。

　つまり、介護施設向けの事業についてはマクロ経済要因が良いので、通常は業績を上げやすいと言えます。
　第3チームの事業は、課題はあるものの顧客の期待にある程度応えることができているので、好業績につながっているものと考えることができます。

（マクロ経済要因と当社事業との関係）

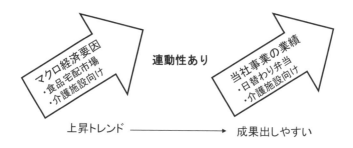

　次は、会社の全体像を知るためにも、日替わり弁当事業の市場環境や組織の状況を見ていきます。

君の考えを聞かせて欲しい

（日替わり弁当事業）

（市場環境）

- 当社の成長はここ数年鈍化しつつある（指示書）
- 大手のコンビニチェーン、弁当チェーン、配車ITサービス会社、また大手のハンバーガーチェーンや外食チェーンなどが食品の配送サービスに参入してきている（指示書）
- Web上で圧倒的な集客力を持つプラットフォーマーがお弁当のポータルサイトの運営に進出してきている（指示書）
- ライバル企業や新規参入企業との競合は激しさを増している（指示書）
- 1日平均約4万食（平日）の日替わり弁当などを製造して、配送を行っている（指示書）
- 元々同業他社とのし烈な競争はある（指示書）
- 大手企業の社員食堂の廃止や都心部のオフィスワーカーの増大などを受けて需要は緩やかに増加（年1〜2％程度）することが予想されている（指示書）
- 最近オフィスビルはセキュリティーが厳しくなる傾向にあり、従来型の営業手法では顧客への接触が難しくなってきている（指示書）
- 需要変動が少ないと言われている（指示書）
- 食材が限られ、結果として中身の差が出にくいため競合企業との差別化をどうするかが課題（指示書）
- 同じ会社の日替わり弁当ばかりだと飽きるので、定期的に弁当会社を変える傾向がある（指示書）
- 第1営業課の担当エリアでライバル会社のB配食サービスが食中毒を発生させたうわさがある（案件6）
- アンケート調査で、配送員のサービスレベルの向上やメニューの工夫、配送時間の厳守、お弁当アプリでの注文、キャッシュレス決済などが求められている（案件14-B）
- 食品宅配市場は、今後も市場は伸びる予測がある（案件17②、③）
- Q年3月期の営業利益は315百万円の黒字（指示書）
- その後の営業利益は減少傾向にありそう（指示書および案件1-B①）

案件2　君の考えを聞かせて欲しい

（日替わり弁当事業）

（組織の状況）

- コールセンター（50名）、第1営業課（5チーム、50名）、第2営業課（5チーム、50名）、第1工場（120名）、第3工場（30名）、仕入課（3名）、メニュー課（3名）（指示書）
- 第1営業課の担当エリアは、東京23区の西側および西東京市、武蔵野市、三鷹市である（指示書）
- 第2営業課の担当エリアは、東京23区の東側および埼玉県の和光市、戸田市、川口市、蕨市、さいたま市である（指示書）
- 当社の強みは、安全・安心で美味しい弁当を低価格で提供できることや、配送（デリバリー）のノウハウと実行部隊を持つこと（案件2）
- 第1営業課の野村課長は、配送時間や配送エリアのことで融通がきかなくて困ると言う（案件4）
- 一方、野村課長は、効率的な配送体制は当社の生命線なので、配送エリアや配送ルートのことは譲れないと言う（案件19）
- これまで当社では正確な需要予測に基づき、仕入れや生産の計画を立て製造を行っており、廃棄率は業界平均と比較して極めて低い。それが当社の強みの源泉でもあります（案件18）
- コールセンターは、日替わり弁当以外の受付に問題がありそう（案件15）
- パートタイマー従業員比率が高い当社にとって、ここ数年間の最低賃金の上昇はボディーブローのように経営を圧迫している（案件20）

　　　君の考えを聞かせて欲しい

（日替わり弁当事業）

（指示書）

【会社全体】
U年3月末現在　　　　　　　　　　　　　　　（単位：百万円）

	Q年3月	R年3月	S年3月	T年3月	U年3月
売上高	4,200	4,500	4,700	4,900	5,100
材料費	1,764	1,909	2,054	2,134	2,231
労務費	672	721	799	825	877
その他原価	819	878	919	955	994
売上原価	3,255	3,508	3,772	3,914	4,102
売上総利益	945	992	928	986	998
販管費	630	701	727	742	772
営業利益	315	291	201	244	226

どう分析しましたか？

- ✓ 太枠の中の部分は、日替わり弁当単独事業の業績
- ✓ R年3月期以降は、第3営業課（他の商品・サービス）の売上高や経費も含まれてくる
- ✓ 第3営業課の業績を差し引きすれば、おおよその業績推移は算出できる

案件2　君の考えを聞かせて欲しい

（日替わり弁当事業）

（指示書）

【会社全体】
U年3月末現在

①

（単位：百万円）

	Q年3月	R年3月	S年3月	T年3月	U年3月
売上高	4,200	4,500	4,700	4,900	5,100
材料費	1,764	1,909	2,054	2,134	2,231
労務費	672	721	799	825	877
その他原価	819	878	919	955	994
売上原価	3,255	3,508	3,772	3,914	4,102
売上総利益	945	992	928	986	998
販管費	630	701	727	742	772
営業利益	315	291	201	244	226

【第3営業課の業績推移】（案件1-B①）
U年3月末現在

②

（単位：百万円）

	Q年3月	R年3月	S年3月	T年3月	U年3月
売上高		200	300	400	500
材料費		103.3	153.2	199.5	253.1
労務費		33.6	51.5	69.0	86.5
その他原価		39.5	58.5	77.9	97.4
売上原価		176.4	263.2	346.4	437.0
売上総利益		23.6	36.8	53.6	63.0
販管費		52.0	56.4	61.0	72.8
営業利益		-28.4	-19.6	-7.4	-9.8

※間接部門等の経費は、商品分野ごと売上・人件費割合に応じて按分し販管費に配賦した

①から②を差し引くと以下が算出される

【日替わり弁当事業の業績推移】
U年3月末現在

（単位：百万円）

	Q年3月	R年3月	S年3月	T年3月	U年3月
売上高	4,200	4,300	4,400	4,500	4,600
売上原価	3,255.0	3,331.6	3,508.8	3,567.6	3,665.0
売上総利益	945.0	968.4	891.2	932.4	935.0
販管費	630.0	649.0	670.6	681.0	699.2
営業利益	315.0	319.4	220.6	251.4	235.8

案件2　君の考えを聞かせて欲しい

（日替わり弁当事業）

【日替わり弁当事業の業績推移】
U年3月末現在
（単位：百万円）

	Q年3月	R年3月	S年3月	T年3月	U年3月
売上高	4,200	4,300	4,400	4,500	4,600
売上原価	3,255.0	3,331.6	3,508.8	3,567.6	3,665.0
売上総利益	945.0	968.4	891.2	932.4	935.0
販管費	630.0	649.0	670.6	681.0	699.2
営業利益	315.0	319.4	220.6	251.4	235.8

上記が、前ページにある2つの表を差し引き計算して算出した
日替わり弁当事業の業績推移になります。
すべてを正確に計算しなくてもよいと思いますが、売上高と営業利
益の傾向くらいは、つかんでおきたいところです。

✓ 売上高は、増加傾向にある

✓ 営業利益は、減少傾向にある

　このような傾向が分かりました。

まず 119 ～ 120 ページでは、日替わり弁当事業について、市場環境や組織の状況に関する定性情報を抜き出して箇条書きにしました。定性情報は、指示書や各案件からほぼそのまま抽出しています。

次いで、121 ～ 123 ページでは、指示書（参考情報 1）に記載があった「会社全体」と、案件 1-B ①に記載があった「第 3 営業課」の売上高や利益などの業績推移表と、さらにはこの 2 つの表を差し引き計算し「日替わり弁当事業」の業績推移を算出した表を載せました。

［定量情報の分析］

前ページの表から、日替わり弁当事業の定量情報を分析すると、以下のようなことが分かってきます。

- 売上高は、増加傾向にある
- 営業利益は、減少傾向にある

次に、119 ～ 120 ページに記載した定性情報と上記の定量情報の分析を踏まえて、日替わり弁当事業について、さらに分析をしていきます。

案件2　君の考えを聞かせて欲しい

（日替わり弁当事業）

前ページまでの情報、あるいは他の情報から分析していきます

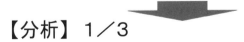

【分析】　1／3

○　食品宅配市場は、今後も市場は伸びる予測がある
○　大手企業の社員食堂の廃止や都心部のオフィスワーカーの増大など
　　を受けて需要は緩やかに増加（年1～2％程度）することが予想されて
　　いる
○　日替わり弁当は、需要変動が少ないと言われている
○　ライバル会社のB配食サービスが食中毒を発生させたうわさがある
○　当社の強みは、安全・安心で美味しい弁当を低価格で提供できること
　　や、配送（デリバリー）のノウハウと実行部隊を持つこと
○　効率的な配送体制がある
　　　→配送コストを低く抑えることができる
○　正確な需要予測に基づき仕入れや生産の計画を立て製造を行ってお
　　り、廃棄率は業界平均と比較して極めて低く強みである
　　　→原価率を低く抑えることができる
△　食材が限られ、結果として中身の差が出にくいため競合企業との差別
　　化をどうするかが課題
△　同じ会社の日替わり弁当ばかりだと飽きるので、定期的に弁当会社を
　　変える傾向がある。アンケート調査で、飽きさせないメニューの工夫が
　　求められている
　　　→ピンチでもあり、チャンスでもある

続きは、次ページに

※　○はプラス材料、×はマイナス材料、△はどちらにもなる材料

案件2	君の考えを聞かせて欲しい

（日替わり弁当事業）

前ページまでの情報、あるいは他の情報から分析していきます

【分析】 2／3

× 当社の成長はここ数年鈍化しつつある
× 日替わり弁当事業は、売上高は増加傾向にあるが、営業利益は減少傾向にある
　　→売上高に対する材料費や労務費の比率が上昇してきている
　　→案件20の情報に「パートタイマー従業員比率が高い当社にとって、ここ数年間の最低賃金の上昇はボディーブローのように経営を圧迫している」という情報があり、労務費の比率の上昇を裏付ける。一方、材料費については特に記述はない
× 元々同業他社とのし烈な競争はある中で、大手コンビニチェーンなどの食品の配送サービスへの参入や、Web上で圧倒的な集客力を持つプラットフォーマーの参入があり、競争は激しさを増している
× 最近オフィスビルはセキュリティーが厳しくなる傾向にあり、従来型の営業手法では顧客への接触が難しくなってきている。一方、アンケート調査で、お弁当アプリでの注文、キャッシュレス決済などが求められている
　　→顧客接点を確保するため、また顧客離れを防止するために、何らかの対応は必要
× アンケート調査で、配送員のサービスレベルの向上や配送時間の厳守などが求められている
　　→配送員に何らかの問題がありそう

続きは、次ページに

※　○はプラス材料、×はマイナス材料、△はどちらにもなる材料

案件2	君の考えを聞かせて欲しい

（日替わり弁当事業）

前ページまでの情報、あるいは他の情報から分析していきます

【分析】 3／3

× 第1営業課の野村課長は、配送時間や配送エリアのことで融通がきかなくて困るという意見がある
　　→セクショナリズムに陥っている可能性がある。困ると言うだけでなく、全社的な視点で第3営業課への協力姿勢も欲しい

× コールセンターは、日替わり弁当以外の受付に問題がありそう
　　→上記の野村課長と同様に鮎沢課長はセクショナリズムに陥っている可能性がある。すでに社長宛のクレームが来ていることもあり、受付体制については自部門の都合にとらわれるのではなく、全社的な視点で早急な対策が必要

※ ○はプラス材料、×はマイナス材料、△はどちらにもなる材料

※セクショナリズムとは、
いわゆる縄張り意識のことであり、組織が大きくなると起こりやすくなります。組織の各部署の社員が、組織全体のことよりも自分たちの部署の利益を優先して行動するようになる現象のことです。対立が生まれたり、意思疎通がなくなったりして、結果として組織全体の生産性を下げるというデメリットをもたらします。

125 〜 127 ページでは、日替わり弁当事業について、119 〜 120 ページに記載した定性情報と、123 ページの定量情報の分析を踏まえて、さらに分析をしています。

プラス材料になる情報には○を、マイナス材料になる情報には×、どちらにもなる情報には△を付けています。

ここでも、仮説を使っています。
例えば、次の事柄です。

- 効率的な配送体制がある
  →配送コストを低く抑えることができる

- 正確な需要予測に基づき仕入れや生産の計画を立て製造を行っており、廃棄率は業界平均と比較して極めて低く強みである
  →原価率を低く抑えることができる

- 日替わり弁当事業は、売上高は増加傾向にあるが、営業利益は減少傾向にある
  →売上高に対する材料費や労務費の比率が上昇してきている
  →案件 20 の情報に「パートタイマー従業員比率が高い当社にとって、ここ数年間の最低賃金の上昇はボディーブローのように経営を圧迫している」という情報があり、労務費の比率の上昇を裏付ける

- アンケート調査で、配送員のサービスレベルの向上や配送時間の厳守などが求められている
  →配送員に何らかの問題がありそう

- 第 1 営業課の野村課長は、配送時間や配送エリアのことで融通がきかなくて困るという意見がある

→セクショナリズムに陥っている可能性がある。困ると言うだけでなく、全社的な視点で第3営業課への協力姿勢も欲しい

- コールセンターは、日替わり弁当以外の受付に問題がありそう
  →野村課長と同様に鮎沢課長はセクショナリズムに陥っている可能性がある。すでに社長宛のクレームが来ていることもあり、受付体制については、自部門の都合にとらわれるのではなく、全社的な視点で早急な対策が必要

そのような情報はありますが、本当かどうかは検証が必要です。

　次は125 〜 127 ページの分析を踏まえて、日替わり弁当事業の今後の方向性を導き出します。

案件2 | 君の考えを聞かせて欲しい

（日替わり弁当事業）

前ページまでの分析から以下の方向性を導きだします

【今後の方向性の例】

> 当社の主力事業として、今後も成長を目指していく
> 強みである安全・安心で美味しい弁当を低価格で提供できることや、配送のノウハウを生かして効率的な配送体制は維持していく
> また正確な需要予測に基づく仕入れや生産の体制も維持し、廃棄率を低く抑えるとともに、品質の維持を前提に原価率を低く抑えていく
> 競合企業との差別化要素(例:飽きさせないメニューの工夫など)を継続的に検討し実行していく
> 労務費比率の上昇傾向もあることから、今後さらに労働生産性を高める工夫(例:機械による自動化、生産ライン・方式の工夫など)を検討し実行していく
> 顧客接点を確保するため、また顧客離れを防止するために、お弁当アプリでの注文受付、キャッシュレス決済などを検討し実行していく
> 配送員のサービスレベルや時間管理について、具体的に調査の上、レベルアップを図っていく
> 「日替わり弁当一事業体制からの脱却と更なる成長を目指す」という会社の大方針を再度明確化するとともに、セクショナリズムの風潮を是正し、全社的な協力体制を構築する
> など

※但し、これらは一例です。

　上記で、日替わり弁当事業について、今後の方向性の例を示しました。

　さて、ここからは田中課長に課された重要課題を解決するための、今後の方向性や方針をまとめていたいと思います。ここでの結論が案件2で回答すべき貴方の考えと意見具申ということになります。

| 案件2 | 君の考えを聞かせて欲しい |

10/1　東郷幸春社長から田中課長へ
深圳への出発前のわずかな時間だが、**今後の新しい事業展開な**
どについて、君の考えを聞かせて欲しい。

まとめ

田中課長に課された重要課題

①新規事業等を収益化し新たな収益の柱に
　育てる

②第3営業課の今期末（V年3月）の営業利
　益の赤字を回避する

③組織運営上の問題点があれば解決するた
　めに意見具申をする

前ページには、案件２のまとめとして、85 ページに記載した田中課長に課された重要課題を再度書き出しました。

　重要課題は、以下の３つです。
①新規事業等を収益化し新たな収益の柱に育てる
②第３営業課の今期末（Ｖ年３月）の営業利益の赤字を回避する
③組織運営上の問題点があれば解決するために意見具申をする

　これらの課題を解決するためには、まずは現状の分析を行い、何が良くて、何が悪いのか、問題点やその原因を明らかにし、その上で将来構想を考えることが必要です。
　すでに第３営業課のチームごと、および日替わり弁当事業について、市場環境や組織の状況を分析してきましたので、それらの情報を統合して、全体像から結論（考えや意見）を導いていきたいと思います。

【会社がおかれている全体状況と第３営業課との関係】

　健幸弁当センター（株）は、一般企業のオフィスワーカー向けに日替わり弁当を提供するという一事業体制で経営を行い、これまで順調に成長してきました。
　しかし、お弁当業界は元々同業他社とのし烈な競争がある上に、ここにきて大手のコンビニチェーンやハンバーガーチェーン、外食チェーンなどが食品の配送サービスに参入してきたり、Web 上で圧倒的な集客力を持つプラットフォーマーもお弁当のポータルサイトの運営に進出したりするなど、ライバル企業や新規参入企業との競争はさらに激しさを増してきました。他方、最近オフィスビルはセキュリティーが厳しくなる傾向にあり従来型の営業手法では顧客への接触が難しくなってきているという事情も出てきました。結果として、ここ数年、同社の成長は鈍化しつつあります。
　このような経営環境の変化（脅威）に対し危機感をもった社長は、

従来の方針である一般企業向けの日替わり弁当のみの事業展開から方針転換を行い、第3営業課を組織し、新たな領域として高級弁当や葬儀・法要やイベント用の弁当や料理、また介護施設、病院、幼稚園、保育園向け日替わり弁当・給食などの分野にも数年前から進出してきました。

　それらの新規事業を収益化して、新たな収益の柱に早急に育てたい。そして、日替わり弁当一事業体制からの脱却と更なる成長を目指すというのが社長の考えです。

　しかし、第3営業課で展開する新規事業はすでに4期が経過しましたが、営業赤字からの脱却ができていないというのが現状です。

【第3営業課チーム別の収益状況や市場環境】

　まずは、U年3月期の第3営業課チーム別の売上高・利益等を一覧にしました。

U年3月期　チーム別の売上高・利益等

（単位：百万円）

	第1チーム	第2チーム	第3チーム	合計
売上高	125	165	210	500
売上総利益	0.6	19.8	42.6	63.0
売上総利益率	0.5%	12.0%	20.3%	12.6%
営業利益	▲ 28.2	▲ 1.2	19.6	▲ 9.8
営業利益率	▲ 22.6%	▲ 0.7%	9.3%	▲ 2.0%

次に、第3営業課チーム別の業績傾向と市場環境などを一覧にしました。

第3営業課 チーム別の業績傾向と市場環境

	第1チーム	第2チーム	第3チーム
売上高	○増加傾向 ×一番低い	○増加傾向 ×中間	○増加傾向 ○一番高い
売上総利益	×一旦あがった が前期減少	○増加傾向	○増加傾向
売上総利益率	×同上	△やや良化傾向	○やや悪化傾向 だが、水準は悪く ない
営業利益	×悪化傾向 ×前期:28.2百万 円の赤字	△前期はわずか に赤字だが、黒 字化は可能	○増加傾向
営業利益率	×一旦あがった が前期悪化	△良化傾向	○良化傾向
将来性	△利用者への提 案次第で成長 の余地はある	△利用者への提 案次第で成長 の余地はある	○介護施設向け は需要拡大が 期待できる
その他 特記事項	×前期売上高に 対する材料費 の比率が大き く上昇した ×医者向けは提 供の禁止のう わさ有り ○ミールキット市 場は大きな成 長が見込まれ ている	○既存顧客が会 社行事などで利用 する可能性がある	△介護施設向け は、個別でのきめ 細かい対応や、 問題発生時の フォロー一体制を整 え、信頼関係を構 築することが課題 になる

133ページに掲載した表「U年3月期　チーム別の売上高・利益等」ですが、こちらはU年3月期の結果です。

　まず第3チームの事業は、売上総利益も営業利益もしっかりと獲得しており問題がないことが分かります。次いで、第2チームの事業は、営業利益は赤字なものの、もう少し売上高を増加させれば黒字化は可能と考えることができます。一方、第1チームの事業は、売上総利益はわずかにプラスですが、営業利益は大幅な赤字（▲28.2百万円）で、第3営業課の損益の足を引っぱっていることが分かります。

　次に前ページに掲載した表「第3営業課　チーム別の業績傾向と市場環境」ですが、こちらはこれまでの傾向性と将来予測などの主な点をまとめています。

　良い事柄には〇を、悪い事柄には×を、良いとも悪いとも言い切れない事柄には△を付けました。

　第1チームの事業は、売上高が増加していることと、ミールキット市場は大きな成長が見込まれていることだけに〇を付けました。後は、概ね×を付けました。

　第2チームの事業は、売上高と売上総利益が増加していることと、（日替わり弁当の）既存顧客が会社行事などで、配送弁当を利用する可能性があることに〇を付けました。また売上総利益率や営業利益、営業利益率などに△を付けました。

　第3チームの事業は、ほぼ〇を付けました。一方、△を付けた事柄が今後の課題です。

　これらの分析から、第3チームの事業は、課題を克服していけば今後の有力な事業と言えます。ただし、介護施設、病院、幼稚園、保育園向け、それぞれの損益状況などをさらに詳細分析した上で、問題点があれば改善や、場合によっては商品・サービスの廃止を検討していく必要があると考えられます。

前ページに「場合によっては商品・サービスの廃止を検討」と書きました。簡単にいうと、不採算分野や将来の見込みがない商品・サービス分野はやめましょうという意味です。

　第3営業課の新規事業を収益化し、収益の柱に育てるためには、不採算分野の廃止や、選択と集中という考え方が必要になります。

> ビジネスの世界では "**選択と集中**" という考え方が重要です。これは得意分野や儲かりそうな事業を選んで、その分野などに経営資源（人・モノ・金など）を集中的に投入するというものです。なぜなら、通常、企業や組織の経営資源は限られていますので、その資源を成功確率が高い分野に集中的に投入することが効果的な経営手法となるからです。
>
> 例えば、自社にとって必要不可欠な事業とそうではない事業に分け、必要不可欠とはいえない事業や赤字の事業、相乗効果を生まない事業などを縮小したり、廃止したりすることで、必要不可欠な事業に経営資源を集中的に投下する。などです。

　話を元に戻します。

　次に、第2チームの事業は、売上高をもう少し増加させれば、黒字転換が可能であり、売上高の成長推移からすると、今期（V年3月）には、営業利益の黒字転換が見込めます。また、他の営業課と連携をすることで、（日替わり弁当の）既存顧客に会社行事などの際に当社のイベント用弁当を利用してもらうことが期待できます。ただし、配送エリア・時間や早川リーダーのマネジメントなどの問題を解決することが必要と考えられます。また商品・サービス分野それぞれの損益状況などをさらに詳細分析した上で、問題点があれば改善や、場合によっては商品・サービスの廃止を検討していく必要があると考えられます。

最後に、第1チームの事業は、結果だけでなく、業績の推移（流れ）も非常に悪い状況と言えます。「第1チームの事業は廃止する」と言えば、一番簡単なのですが、今後の事も考えますと、なぜこのような結果になっているのか、今後本当に収益化の見込みはないのかなどを探っていく必要があります。こちらにつきましても、商品・サービス分野それぞれの損益状況などをさらに詳細分析した上で、問題点があれば改善や、場合によっては商品・サービスの廃止を検討していく必要があると考えられます。

【第3営業課チーム別の今後の方向性】

　以下は、本章で検討した第3営業課チーム別の今後の方向性（例）のうちターゲット・商品面を一覧にしたものです。

チーム別今後の方向性（ターゲット・商品面）

	今後の方向性（ターゲット・商品面）
第1チーム 医者向け、会議用など	➢ <u>医者向けおよび会議用、慶事、お祝い用</u>については、すでに4年やって結果が出ないので、詳細分析の上、<u>不採算分野は撤退する</u>ことを検討する ➢ 今後の新商品・サービスについては、<u>シニア層や共働き世帯による食品宅配の日常的な利用が加速する</u>との予測があるため、それらを<u>有力なターゲット</u>として検討する。その際、<u>ミールキット（料理キット）</u>は、当社の経営資源で対応が可能と思われるため特に<u>有力な商品候補とする</u>
第2チーム 葬儀・法要・イベントなど	➢ <u>葬儀・法要用およびイベント用</u>の弁当・料理は、ともに利用者への提案次第では成長の余地はあるとの見通しがあり、また実際に売上高を伸ばしてきているので、<u>基本的にはこのまま継続する</u>。ただし、それぞれの商品分野の損益状況を詳細に分析し、さらに<u>利益率を高めていく</u> ➢ <u>日替わり弁当の既存顧客</u>に対して、会社行事、季節行事、パーティなどの際に、<u>当社の商品・サービスを利用してもらうように、第1営業課、第2営業課を巻き込んで働きかけていく</u>
第3チーム 介護施設、病院、幼稚園、保育園など	➢ 介護施設、病院、幼稚園、保育園向け、それぞれの損益状況を詳細に分析した上で、<u>介護施設向けを中心に事業展開をしていく</u>

次いで、以下は第3営業課チーム別の今後の方向性（例）のうち組織運営面を一覧にしたものです。2ページにわたります。

チーム別今後の方向性（組織運営面）

	今後の方向性（組織運営面）
第1チーム 医者向け、会議用など	➢ <u>場当たり的な営業活動からの脱却を目指す</u>。利益目標を明確にして、組織として利益管理を厳格に行う ➢ 市場予測などから中心的なターゲットなどを明確にするとともに<u>営業戦略を立て</u>、具体的な営業計画に落とし込み、<u>計画的に営業活動を展開する</u> ➢ <u>新たな事業領域には柔軟な発想で営業手法を考える</u> ➢ 商品設計をする際は、リスクを考慮し利益率の計算をしっかりと行う。また販売促進費についても事前に計画に織り込むようにする。製造部との事前のコミュニケーションも強化する ➢ 商品・サービスごとに注文変更やキャンセルなどの期限の明確化や、損失が出ないようにキャンセル料の設定などを行う ➢ <u>中原リーダーのマネジメントを機能</u>（人材育成、利益管理など）させる ➢ 働きやすい職場環境に整えていく
第2チーム 葬儀・法要・イベントなど	➢ <u>利益目標を明確にして、組織として利益管理を厳格に行う</u> ➢ <u>配送エリア</u>については、①これまでの配送エリアを守っていく、②別の配送部隊を自社で確保する、③外部の配送会社に委託するなどの選択肢から<u>今後方向性を決めていく</u> ➢ <u>早川リーダーのマネジメントを機能</u>（人材育成、利益管理など）させる ➢ 特に人材育成は自身の経験則だけではなく、組織としてOJTなど育成計画を立て計画的に人材育成を行う。また営業マニュアルの整備なども行う ➢ 働きやすい職場環境に整えていく

チーム別今後の方向性（組織運営面）

	今後の方向性（組織運営面）
第3チーム 介護施設、病院、幼稚園、保育園など	➢ 介護施設、病院、幼稚園、保育園向けでは、個別でのきめ細かい対応や、問題発生時のフォロー体制、衛生面、安全性が選定基準になるので、<u>受付、製造、安全衛生、フォローなどの体制をより一層充実させる</u> ➢ 特に、現在コールセンターの受付業務に対するクレームが発生しているので、①コールセンターのスタッフに対して再度教育と周知を行う、②第3営業課に関わる受付業務は第3営業課で行う、③コールセンターの中に専用の受付チームを別に設置するなど、早急に何らかの対策を実施する ➢ <u>湊リーダーのマネジメントのやり方を会議などで、各リーダーと共有化する</u> ➢ 働きやすい職場環境に整えていく

　チーム別今後の方向性（ターゲット・商品面）については、今後はその方向性で進んでいくということになります。（勿論、会社からの承認は前提です）

　そして、新規事業等を収益化し新たな収益の柱に育てるという目的を達成するためには、チーム別今後の方向性（組織運営面）に記載した事項の確実な実行が必要になります。

【第3営業課チーム別の問題点整理】

139ページからの「チーム別今後の方向性（組織運営面）」の中身を見ると分かると思いますが、第1チームおよび第2チームでは、組織運営や利益管理などマネジメント的な問題が目立ちます。一方、第3チームではそれほど問題は目立ちません。

まず、第1チームを具体的に見ていきます。

95ページの第1チームの分析の箇所では、以下のように仮説を立てています。

- 「中原リーダーは、部下指導に疑問も？　」
- 「中原リーダーは、各種のリスクや利益率の計算が甘い商品設計をしている可能性が高い」
- 「中原リーダーは、やや拙速感や雑な面があることも否めない」
- 「コンセプト、ターゲット、営業戦略、利益目標などが不明確なまま場当たり的な営業展開になっている可能性がある」

このような仮説情報も含めて考えると、第1チームでは、以下のような問題点が浮き彫りになります。

- ➤ 明確な営業戦略や利益目標、営業計画もなく、場当たり的な営業活動をしているのでは。利益管理も不十分では
- ➤ "営業は足で稼げ" というモットーや従来型の営業手法が新たな事業領域には馴染まない可能性があるのでは
- ➤ 中原リーダーは、商品設計の際に、リスクや利益率の計算が不十分な可能性が高い。またやや拙速感や雑な面、強引な所もあり、結果として不採算の商品やサービスにつながっているのでは

> ➤ 製造部や他部署とのコミュニケーションも不十分では
>
> ➤ 商品・サービスごとに注文変更やキャンセルなどのルールが不明確では。結果として製造工程の混乱をまねいているのでは
>
> ➤ 中原リーダーは、部下育成にも疑問が。結果として、成果にもつながりにくいのでは

　これまで、このような問題点があったため、現在のような業績（大幅な営業赤字）につながっている可能性が高いと言えます。

　そして、これらの問題を解決しない限り、新たな方向性（ターゲット・商品面）に向かったとしても、同じ事（不採算、赤字営業）が繰り返される可能性が高いと言えます。

　次いで、 第2チーム を具体的に見ていきます。

　109ページの第2チームの分析の箇所では、以下のように仮説を立てています。

- 井上の退職の申し出

  （なぜ？）
- "とにかく営業は足で稼げ" という昔ながらの手法や、厳しすぎるノルマ、部長も含めた上司の態度や職場の雰囲気などに問題がありそう
- 営業ノウハウなどの部下指導に疑問も？なぜなら、第3チームの同期（宮代）は育っており、モチベーションも高そう
- 利益目標や営業配送エリアなどが不明確なまま場当たり的な営業展開になっている可能性がある

　このような仮説情報も含めて考えると、第2チームでは、以下のような問題点が浮き彫りになります。

> ➤ 利益目標や営業配送エリアなどが不明確なまま場当たり的な営業展開になっているのでは。利益管理も不十分では
> ➤ "営業は足で稼げ" というモットーや従来型の営業手法が新たな事業領域には馴染まない可能性があるのでは
> ➤ 早川リーダーの人材育成は、自身の経験則の押しつけが目立つ。ＯＪＴなどの育成計画や営業マニュアルも未整備では
> ➤ 製造部や他部署とのコミュニケーションも不十分では

　次いで、 第3チーム を具体的に見ていきます。

　116ページの第3チームの分析の箇所では、以下のように仮説を立てています。

> • Ｃ介護サービスからのクレームの手紙が社長宛てに届いた→コールセンターの問題か？
> • 鮎沢課長は開き直ったかのような反論をした→組織間の協力意識や注文の受付体制が整っていないか？

　このような仮説情報も含めて考えると、第3チームでは、以下のような問題点が浮き彫りになります。

> ➤ 介護施設向けでは、個別でのきめ細かい対応や、問題発生時のフォロー体制が求められているが、現状は不十分では
> ➤ 組織間の協力体制も不十分では

さて第3営業課チーム別の問題点を整理してきましたが、問題を解決する際には、問題が起こった背景や原因、さらには真因や本質的な原因を探り、そこに手立てを講じていくことが必要です。

　それを突き止めて改善しない限り、何度でも同じ問題が繰り返される可能性があるからです。

　何度も再発する状態を、"モグラたたきゲーム状態"（叩いても、叩いても次々に出てくる）といいます。

　問題を根本解決するためには、根っ子の問題（ボトルネック・真因）を解決することが必要なのです。

　以下の図は、問題の原因を「なぜ、なぜ」を繰り返して深掘りをする際のイメージ図です。

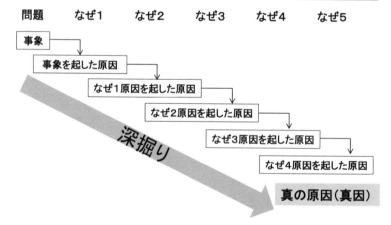

原因の深掘り（ボトルネック・真因への訴求分析）

問題　　なぜ1　　なぜ2　　なぜ3　　なぜ4　　なぜ5

事象

事象を起した原因

なぜ1原因を起した原因

なぜ2原因を起した原因

なぜ3原因を起した原因

なぜ4原因を起した原因

深掘り

真の原因（真因）

【日替わり弁当事業との関連性にも着目が必要】

そして、新規事業等を収益化する際に、忘れてはいけないのが、これまでの主力事業である日替わり弁当事業との関連性です。

123ページに、日替わり弁当事業の業績推移を掲載していますが、以下のような傾向があります。

- 売上高は、増加傾向にある
- 営業利益は、減少傾向にある

ここで着目したいのが、<u>営業利益が減少傾向</u>にあることです。

126ページの【分析】2／3で、その原因と考えられる仮説として次のことをあげました。

売上高に対する材料費や労務費の比率が上昇してきている。案件20の情報に「パートタイマー従業員比率が高い当社にとって、ここ数年間の最低賃金の上昇はボディーブローのように経営を圧迫している」。

→労務費の比率の上昇を裏付ける
→全社的に労務費（原価の一部）が上昇している可能性がある

一方、配送時間や配送エリアのことで第1営業課と第3営業課の意見の相違や、製造部から「第3営業課の商品に関わる製造が始まってからは当社の売上原価率は上昇傾向にあります」との指摘がある。

→これらは第3営業課が関わっていること

つまり、次ページの図のように第3営業課が組織され新規事業を始めたことで、製造工程の混乱や材料の大量廃棄による材料費や労務費の増加、あるいは配送体制が混乱することによる一般管理費の増加などが発生。結果として、これらが日替わり弁当事業の営業利益の減少要因になっている可能性があると考えることができます。

日替わり弁当事業営業利益減少の原因（仮説）

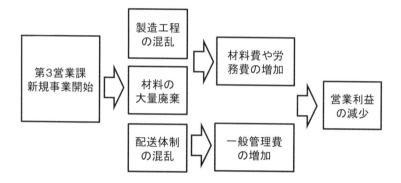

　日替わり弁当一事業体制からの脱却と更なる成長を目指して、新規事業を始めたことは、当社にとって必要な事なのですが、これまでの自社の強みである"正確な需要予測"、"低廃棄率"、"効率的な配送体制"を維持することも大変重要な事です。これらがあるからこそ、"安全・安心で美味しい弁当を低価格で提供できる"という強みにつながっていると考えられるためです。

　したがって、今後、第3営業課の新規事業を検討する際には、日替わり弁当事業の強みを阻害しないという着眼点も持ちながら考える必要があります。

　ちなみに、以下に健幸弁当センター（株）の想定される商品・サービスごとの生産方式等をまとめました。これまでの日替わり弁当の生産方式と似ているのが、介護施設等への日替わりの弁当や給食です。

商品・サービスごとの生産方式等

	注文の受け方	量・種類	生産方式
日替わり弁当	見込み生産（的） ※メニューは決まっている。数だけの見込み生産	少品種 多量生産	ライン生産
介護施設等	見込み生産（的） ※ただし、個別のきめ細かな対応あり	少品種 多量生産	ライン生産 一部個別生産
葬儀・法要・イベント	受注生産	多品種 中量生産	ロッド生産 個別生産
高級弁当等	受注生産	多品種 小量生産	ロッド生産 個別生産

※受注生産とは
　注文を受けてから、その注文の数や仕様に応じて生産を行う生産形態のことをいいます。

※見込み生産とは
　需要予測や販売計画に基づいて生産の見込み計画を立て生産を行う生産形態のことをいいます。

※ライン生産とは
　単一の製品を一定期間で大量に生産する方式のことをいいます。流れ作業とも言われます。

※ロッド生産とは
　製品ごとにある数量でグルーピングし、その数量単位で生産する方式のことをいいます。

※個別生産とは
　1回ごとに異なった品質や仕様の製品を生産する方式のことをいいます。

指示書および各案件の情報から、一般企業向けの日替わり弁当と介護施設等向けの日替わり弁当・給食は第1工場で主に少品種・多量のライン生産で製造し、その他の弁当や料理は第2工場で主に多品種・小〜中量のロッド生産で製造しているものと思われます。

そして、おそらく第2工場で製造する商品（弁当や料理など）についての受注管理や原価管理、生産管理のノウハウが不足し、原価率の高止まりや製造工程の混乱など生産性の低下につながっている可能性があるものと考えられます。

また、130ページに日替わり弁当事業の今後の方向性を載せましたが、第3営業課と関連性があるのは以下の記述です。

> ➤ 強みである安全・安心で美味しい弁当を低価格で提供できることや、配送のノウハウを生かして効率的な配送体制は維持していく
>
> ➤ また正確な需要予測に基づく仕入れや生産の体制も維持し、廃棄率を低く抑えるとともに、品質の維持を前提に原価率を低く抑えていく
>
> ➤ 「日替わり弁当一事業体制からの脱却と更なる成長を目指す」という会社の大方針を再度明確化するとともに、セクショナリズムの風潮を是正し、全社的な協力体制を構築する

ここで、"効率的な配送体制は維持する"ことと、"正確な需要予測に基づく仕入れや生産の体制も維持する"ことを示しました。

他方、"会社の大方針を再度明確化するとともにセクショナリズムの風潮を是正し、全社的な協力体制を構築する"ことも示しました。これまでのノウハウや慣行、自社の強みを維持することは大切ですが、だからといって、セクショナリズムに陥って、第3営業課

の事業に協力しないことや、知恵を貸さないことは、会社の方針とは違う動きにつながります。

　今後は、会社の大方針を再度明確化するとともに、コミュニケーション体制を確立し、全社的な情報共有や協力関係を強化していく事が求められます。

　ここまで、健幸弁当センター（株）の全体像をまとめてきました。

　さて、いよいよ次ページ以降で、これらの情報を統合して、田中課長（貴方）に与えられた重要課題についての結論（考えや意見）をまとめていきたいと思います。

①「新規事業等を収益化し新たな収益の柱に育てる」
③「組織運営上の問題点があれば解決するために意見具申をする」

　まずは、①の「新規事業等を収益化し新たな収益の柱に育てる」を考えていきたいと思います。ただし、この①と③の「組織運営上の問題点があれば解決する」は、密接に関係しています。

　①を成し遂げるためには、③の問題解決が不可欠です。つまり、第3営業課の新規事業は、組織運営上の問題があったために、これまで営業赤字が続いてきたとも考えられるためです。

　したがって、③も同時に考えていきます。

　経営は、売上高と経費の2つの側面があり、この2つの側面を適切にコントロールして利益を出す仕組み（儲かる仕組み）が必要です。しかし、第3営業課、特に第1チームおよび第2チームには、その仕組みが整っていないため営業赤字につながってると考えられます。

　例えば、利益管理をしないことや、商品設計の際にリスクや利益率の計算が不十分なことなどです。

　一方、売上高はすべてのチームにおいて増加傾向ですが、無計画な営業活動や利益が伴わないことなどが見られ良い結果とは言えません。

　このようなことは、組織運営上の問題と捉えることができます。

　次ページに、「新規事業の収益化のためには（ターゲット・商品面）」についての方向性・方針を、152ページには「新規事業の収益化のためには（組織運営面）」についての方向性・方針を掲載します。

　これらが、①の「新規事業等を収益化し新たな収益の柱に育てる」と、③の「組織運営上の問題点があれば解決する」の結論（考え方）ということになります。

新規事業等を収益化し新たな収益の柱に育てる

新規事業の収益化のためには（ターゲット・商品面）

共通の考え方

- ➢ 事業の選択と集中の考え方に基づいて、不採算分野の廃止や利益が見込める分野への経営資源の集中を行う
- ➢ いずれの商品・サービスもそれぞれの損益状況などを詳細分析した上で、問題点があれば改善や、場合によっては商品・サービスの廃止の検討をする
- ➢ 組織運営上の問題点を解決する
- ※ ただし、日替わり弁当事業の強みを阻害しないことに留意する

第1チームの事業

- ➢ 営業赤字額が大きいので、不採算分野は早期に廃止する
- ➢ 合わせて、これまでの問題点の徹底的な検証と改善を行う
- ➢ 今後の新商品・サービスは、シニア層や共働き世帯を有力なターゲットとする。そしてミールキットを有力な商品候補とする

第2チームの事業

- ➢ これまでの商品サービスを基本的には継続する
- ➢ ただし詳細分析の上、利益率を高めるための工夫をする
- ➢ 第1営業課、第2営業課と連携して、日替わり弁当の既存顧客に対して、会社行事などの際に当社の商品・サービスを利用してもらうように働きかけていく

第3チームの事業

- ➢ 介護施設向けを中心に事業展開をする

新規事業等を収益化し新たな収益の柱に育てる

新規事業の収益化のためには（組織運営面）

会社全体

➢ 会社の大方針を再度明確化するとともに、セクショナリズムの風潮を是正し、全社的な協力体制を構築する

➢ 配送エリアおよび配送体制については、①これまでの配送エリアを守っていく、②別の配送部隊を自社で確保する、③外部の配送会社に委託するなどの選択肢から今後方向性を決めていく

➢ コールセンターの受付業務については、①コールセンターのスタッフに対して再度教育と周知を行う、②第3営業課に関わる受付業務は第3営業課で行う、③コールセンターの中に専用の受付チームを別に設置するなど、早急に何らかの対策を実施する

第3営業課

➢ 場当たり的な営業活動からの脱却を目指す

➢ 利益重視を方針とし利益目標を明確にして組織として利益管理を厳格に行う

➢ 新たな事業領域には柔軟な発想で営業手法を考える

➢ 商品設計をする際は、リスクを考慮し利益率の計算をしっかりと行う。販売促進費についても事前に計画に織り込むようにする

➢ 製造部や他部署とのコミュニケーションを強化する

➢ 課長やリーダーのマネジメントの機能（人材育成、利益管理など）を強化する

➢ 社員が働きやすい職場環境に整えていく

➢ 商品・サービスごとに注文変更やキャンセルなどのルールや期限の明確化や、損失が出ないようにキャンセル料の設定などを行う

➢ 湊リーダーのマネジメントのやり方を会議などで、各リーダーと共有化する

第1チーム

➢ 市場予測などから中心的なターゲットなどを明確にするとともに営業戦略を立て、具体的な営業計画に落とし込み、計画的に営業活動を展開する

【新規事業の収益化のためのターゲット・商品選択のポイント】

　事業の選択と集中で選択する分野は、今後有望な分野であり、かつ利益が見込めることが必要です。その際、インバスケット演習全体から情報（定性情報・定量情報）をしっかりと確認して、根拠（仮説を使うことも必要です）を伴わせて判断することが必要です。

　インバスケット演習では、このように何らかの方向性や方針、事業の選択を求められる事がありますが、時々あまりにも突飛な回答を見かける時があります。例えば、「今後は弁当アプリとキャッシュレス決済を取り入れ、弁当業界のプラットフォーマーを目指す」といった感じで。しかし、この会社の経営資源を考えたときに、もう少し現実的な方向性が出てくるのではと思います。

　また、組織運営面への着眼が全くない方も見かけます。インバスケット演習に登場する組織や、業績の悪い企業は、組織の内面にも問題を抱えているケースがほとんどですが、その解決に目が向かない方がいます。

　しかし、組織運営に問題がある場合、その解決なくして将来のあるべき姿への到達には至らないことがほとんどだと思います。次ページの図をご参考にしてください。現時点がAにいるのか、Bにいるのかを良く考えることが必要です。現時点でBにいるのであれば、直接Cを目指して良いのですが、現時点でAにいる場合は、まずはBに向かい、その後Cに向かうイメージです。勿論、同時並行でも結構ですが、少なくとも現時点での問題点（障害）を解決する事が必要です。

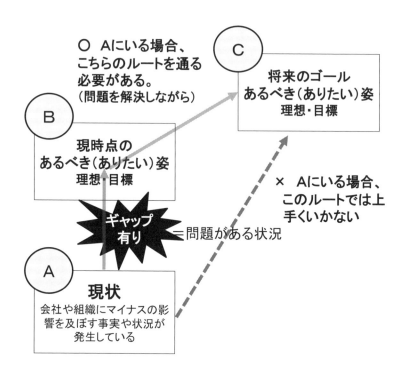

以下のメール（参考例）を社長へ出します。

案件2 指示書 案件4 5 7 9 13 14 15 16 17 18 19	東郷社長 お疲れ様です。この度の第3営業課長への人事異動は驚きましたが、大変名誉な事と思います。精一杯職責を果たしていきたいと存じます。 さて新しい事業展開、新商品・サービスの収益化ですが、以下のように考えます。なお短い時間の中での検討になりましたので、見当違いや失礼な事があるかもしれませんが、ご容赦をお願いいたします。 • まず第1チームの事業ですが、営業赤字額が大きく第3営業課の収益の足を引っぱっていますので、今後詳細分析の上、不採算分野は早期に廃止する事が必要と考えます。一方、今後は需要が見込めるシニア層や共働き世帯をターゲットとする事業展開が有望と考えます • 第2チームの事業につきましては、これまでの商品サービスを基本的には継続し、利益率を高める工夫をしていきたいと思います。また、日替わり弁当事業の既存顧客へのアプローチもしていきたいと思います • 第3チームの事業につきましては、今後の需要増加が見込める介護施設向けを中心に事業展開を考えています • 全体的には、事業の選択と集中の考え方に基づき不採算分野の廃止や利益が見込める分野への経営資源の集中を行いたいと思います。また、いずれの商品・サービスもそれぞれの損益状況などを詳細分析した上で、問題点があれば改善や廃止を検討したいと思います 次に組織運営ついて意見具申させていただきます。組織内

にいくつかの問題が散見され、結果として業績に悪影響を及ぼしている可能性があると考えられるため、以下のことが必要と考えます。

（全社的には）

- 会社の大方針を再度明確化するとともに、セクショナリズムの風潮を是正し、全社的な協力体制を構築する
- 配送エリアおよび配送体制は見直しも含めて検討する
- クレームが発生していることから、コールセンターの受付業務についても早急に何らかの対策を実施する

（第3営業課については）

- 利益重視を方針とし利益目標を明確にして組織として利益管理を厳格に行う
- 営業戦略を立て具体的な営業計画に落とし込み計画的に営業活動を展開するなど、場当たり的な営業活動からの脱却を目指す
- 他部署とのコミュニケーションを強化する
- 私やリーダーのマネジメントの機能（人材育成、利益管理など）を強化する

取り急ぎ、このような事を考えさせていただきました。
帰国後、さらに詳細を分析させていただき、組織運営を行っていきたいと思います。そして、当社の新たな収益の柱を確立するために新規顧客の開拓や新商品・サービスの開発および収益化をしていきたいと存じます。
何とぞ、よろしくお願いいたします。

田中昴

人材アセスメントの際、120分間という限られた時間の中で、ここまで詳細な分析や記述をすることは難しいと思いますが、頭の中ではこのような思考プロセスで方向性や方針を考えていただきたいと思います。

そして、頭で考えたことはなるべく回答用紙に表現（記述）するように頑張ってください！書いていないことは見えませんので、問題に気がついているかどうか、論理性が伴っているかどうかなどを判別できないということになるかも知れません。

※ただし、分析や方針ばかりに時間をかけてしまいますと、他の案件処理ができなくなりますので、<u>タイムマネジメントは忘れないでくださいね。</u>

　②の「第3営業課の今期末（V年3月）の営業利益の赤字を回避する」については、重要課題ではありますが、社長ではなく、飯塚サービス部長（以下、「飯塚部長」といいます。）からの指示ですので案件7の処理の際に、検討したいと思います。

　さて、これでやっと案件2が終了しました。
　お疲れ様でした。
　この後は、管理職に必要な優先順位付けについて見ていきます。

第6章

管理職の優先順位付けとは

1．自身の方針がないと優先順位はつけられない

さて、既に第5章（77 ページ）で業務の優先順位付けの基本的な考え方や以下の図を紹介させていただきました。

業務の優先順位付けの例

	重要度 →
B：緊急・不要 ☐ ルーチンワーク ☐ 突然の来客 ☐ 電話対応 ☐ 定例の打ち合わせや会議 ☐ 定例の報告書や提出物 ☐ 日程調整　など	**A：緊急・重要** ☐ クレーム処理 ☐ 事故・災害対応 ☐ 納期の迫った仕事 ☐ 差し迫った問題やチャンス ☐ コンプライアンス違反
D：不急・不要 ☐ 待ち時間 ☐ メールの削除 ☐ 不要資料のシュレッター ☐ 自己満足のための作業	**C：不急・重要** ☐ 方針や戦略立案 ☐ 組織風土の改善 ☐ 準備・計画 ☐ 業務や品質の改善 ☐ 人材育成

（縦軸：緊急度、横軸：重要度）

上記の図は一般的な例ですが、実際の業務やインバスケット演習では、これをそのままあてはめることはできません。図を参考にしながらもご自身で考えることが必要です。

なぜなら、貴方がおかれている組織の状況や、管理職である貴方の立ち位置や方向性・方針により優先順位は変わってくるからです。

例えば、本書のインバスケット演習に取り組む際に、どの案件を優先的に処理するかは、貴方が立てた方向性・方針により変わってくるということです。

また、一口にクレームやコンプライアンス違反といっても、リス

クや影響度の大きさはその状況によって違います。

　例えば、前ページの図のＡ（緊急・重要）にあるクレームが２つあった場合、どちらを優先するのか？あるいはＣ（不急・重要）にある方針や戦略立案は、Ａ（緊急・重要）があるのでやらなくてもよいか？

　これらは、貴方がおかれている組織の状況や、管理職である貴方の立ち位置や方向性・方針により、貴方が自分で考えて決めていく必要があります。

　このように、まずは貴方の立ち位置を確認し、**方向性や方針を立てた上で、優先順位をつけて**、“一貫”した姿勢で各案件の処理をしていくことが求められます。

２．軽重判断とは

　第５章でも簡単に触れましたが、軽重判断についても説明します。

　貴方がインバスケット演習に取り組む際には、限られた時間（本書の場合は120分間）の中で、できる限りの処理をしなければなりません。

　指示書の【案件処理の仕方】の部分には、以下の記述があります。

> 仕事がこれ以上停滞しないように努めることが求められます。

　万が一、重要と考えられる案件を処理しなかった場合は、業務の停滞をまねいたり、リスクが拡大したりする可能性があります。こうなった場合は管理職として問題があると言わざるを得ません。

　しっかりと優先順位をつけて、かつタイムマネジメントも考慮しながらインバスケット演習に取り組むことが必要です。

　その際、役に立つ考え方が、“軽重判断”です。

これは優先順位付けに、にているのですが、業務に重み付けをして処理を行うということです。
　例えば、
　・自分で行うことと、人（部下や上司）に依頼（指示）することを切り分ける
　・時間やエネルギーを多く費やして行うことと、時間をかけずに簡単に行うことを切り分ける
など

　管理職が業務処理をする際には、このように軽重判断を行い、業務に重み付けをして切り分けていくことが有効です。そうしないと、限られた時間の中で最大限のパフォーマンスを出すことは難しくなります。

　実際の業務においても、インバスケット演習においても、優先順位付けや軽重判断を行いながら業務にあたることが重要です。

　さて、この後は各案件を見ていきます。

　仕事は時間という制約の中で行いますので、優先順位をつけて取り組みます。また貴方が考えた指示文書等を、メールやインバスケット演習の回答用紙に書く際には、"軽重判断"を行いながら対応することも大切です。つまり、自身が重要で重い（大切）と考えたことは、重厚的に対応する（結果、記述量は多くなる）。一方、そうでないものは、簡略化して対応する（結果、記述量は少なくなる）。あるいは、部下などに委任する。このような対応が必要です。

第7章

管理職の問題解決と
課題設定とは

1. 問題とは　課題とは

　以下は、私がリスクマネジメントやコンプライアンスの研修の際によく使うフレーズです。

「組織人として、」

　　➢　「問題に気がつかないレベルは、最低の行動レベルです」
　　➢　「問題を問題と認識できれば、その上の行動レベルです」
　　➢　「問題を課題に設定するのが、管理職の行動レベルです」

「どういう事でしょうか？」

　企業や組織において、本当は問題があるが、「今までそうしてきたから」とか、「前任者から引き継いできたから」とか、「周りのみんなもやっているから」とか言い、何事もないかのように、問題行為が繰り返されていることが、実は多いのです。

　現に法律違反やコンプライアンス違反などの問題は、随所で繰り返し発生しています。

　そして、上記のような状態は、「問題に気がつかないレベル」＝「問題を認識していないレベル」と言え、その部分においては組織人として最低の行動レベルと私は考えます。

　ただし、本当は問題だと気がついているが、何らかの理由（自分の立場では言えない、怖い、面倒、自分はやりたくないなど）で、問題行為を続けることもあると思います。

　一方、上記のような場合に、「大丈夫かな」とか、「おかしいと思う」とか、「ちょっと違うと思う」とか思えれば、「問題を問題と認

識できるレベル」（＝その上のレベル）で、正常な感覚はあると思います。

さらに、「問題だと思う。今は解決できないが、近い将来やり方を変えてみよう」とか、「組織に意見具申してみよう」とか、「問題とならないように改善しなければ」とか思えば、「問題を課題に設定するレベル」で、管理職の行動レベルと言えます。

管理職は、問題を認識（発見）し、課題を設定することが求められます。

さて、「問題」と「課題」の意味は分かりますか？

実は、「問題」と「課題」の違いを正確に言える方は、結構少ないと思います。
「問題」と「課題」は、マネジメントでは頻繁に出てくるキーワードですので、ここでしっかりと理解してください。

以下は、ビジネスにおける意味です。

「問題」とは
会社や組織にマイナスの影響を及ぼす事実や状況、現状と目標に差が発生しているという事実や状況のことを言います。

（例）クレームが頻発する、ミスが多い、故障が頻発する、コストが高すぎる、社員のモチベーションが低い　など

「課題」とは

理想的な状態と現状とのギャップを埋めるための取り組みや、やるべきことを言います。

（例）接客を見直す、チェック体制を強化する、検査体制を強化する、
　　　社員とのコミュニケーション時間を確保する　など

以下に問題と課題を整理した図を掲載します。

問題と課題の整理

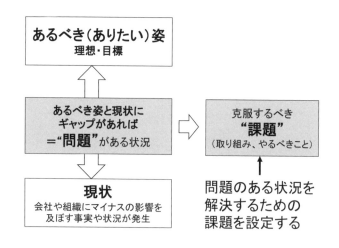

2．管理職に求められる問題解決のレベルとは

　また、管理職には以下の図の設定型問題および探索型問題への取り組みが求められます。

組織階層と取り組むべき問題レベル

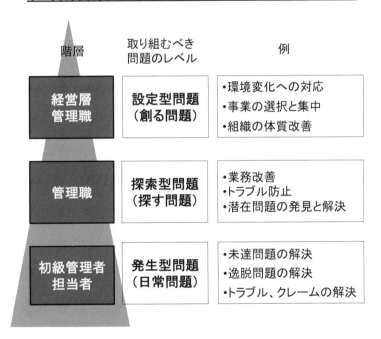

　さて、これらを踏まえてまずは案件9を見ていきます。

案件 9	（緊急）顧客からのクレームの件

10/ 1　斉藤室長から田中課長へ

➤ さっき社長のところに、以下の手紙が届いた。<u>内容的にはクレームだ。</u>
　<u>しっかりとした対応をお願いします</u>

9/29　発信　C介護サービス施設長（河合様）から社長へ

➤ 貴社とは、この春から契約を開始し、利用者の食事を提供していただい
　ております

➤ 当施設では、<u>利用者の方の体調の変化などに応じて、調理方法の変更</u>
　<u>を依頼することがあります</u>

➤ その都度、貴社に連絡を入れてお願いをしていますが、<u>その対応がで</u>
　<u>きていないことがあります</u>

➤ <u>もうすでに何回か営業担当者の方に、改善の依頼をしたものの、未だ</u>
　<u>に改善があまりみられません</u>

➤ 営業担当者の方は、いつも平謝りをしてくださるのですが、<u>当施設とし</u>
　<u>ましては大変困り果てている状況です</u>

➤ <u>きめ細かい対応をしてくださるとのお約束で契約をさせていただいた訳で</u>
　<u>すので、このままでは来年度の契約は考えざるを得ません</u>

➤ 今回、<u>意を決して社長様に直接連絡をさせていただきました。何とぞ、</u>
　<u>早急な改善を切に願います</u>

【関連案件等】

指示書 参考情報 1	健幸弁当センター株式会社の経営理念 私たちは「安心・安全・衛生・信頼」をモットーに、「食」 を通じて、お客様および関係者の健康と幸せ作りに貢献し ます

案件 9	（緊急）顧客からのクレームの件

【関連案件等】

案件 1-D	（第3チーム） ➤ 介護施設、病院、幼稚園、保育園など向け

案件 14-B	➤ アンケート調査（当社への要望）で、"コールセンターのきめ細かな対応"（28%）が求められている

案件 15	

湊リーダーから丸居課長へ

➤ どうもコールセンターと息が合いません

➤ コールセンターで受付のミスがたびたび発生し、顧客からのクレームにもつながっています

➤ 介護施設などは、利用者の状況に応じて、刻み食やペースト食など細かな注文が入る場合があります

➤ 以前から、鮎沢課長に度々申し入れを行っているのですが、周知が徹底されていないようです

➤ 課長は、「注意するように指示はした。しかし、コールセンターは、朝は戦争状態なんだ。毎日4万食の注文の受け付けをこなしているんだ。そんな細かな注文の受付は、そもそもムリがある。そんなに言うんだったら、第3営業課で受け付ければいいじゃないか」なんて言うんです

➤ このようなことが続くと取り引きの継続が危ぶまれます

➤ ワンチームという意識でやった方がよいと思うのですが

➤ 課長の方から再度、申し入れをしていただけないでしょうか

3．当座対策と抜本対策

　こうして案件9を見ますと、案件9は単発の問題ではないことが分かると思います。

　前述の探索型問題を解決する意図も持って、関連する情報を整理した上で、発生している問題の原因や背景を探る必要があります。

　案件9を単発で見て、単なるクレーム対応だけで終わらせてはいけません。それでは先ほど書きました「問題に気がつかないレベル」と同じです。

　インバスケット演習全体から考えなければ、問題の本質に気がつくことはできません。

　また、それに気がつかなければ、処理は発生型問題への対処だけで終わってしまい、抜本的な問題解決には至らないでしょう。

> 　管理職は、目の前に発生した問題（案件9の場合はクレーム対応）に対応するだけでは十分とは言えません。クレームに対する当座の対策を施すとともに、発生している問題の原因や背景を探り抜本的な問題解決や、さらに探索型問題への取り組み（潜在問題の発見と解決）を目指す事が必要です。

　抜本的な問題解決を行うためには、次ページの図「水平思考と垂直思考」を意識して、組織全体を見渡して問題を発見し、さらに深掘りをして因果関係や真因、本質を探っていくことが必要です。

水平思考と垂直思考

水平思考：周辺で起こっている出来事や全体の状況を、鳥の目で見るかのように鳥瞰的に広く見渡し、どこに問題があるか見極める思考です

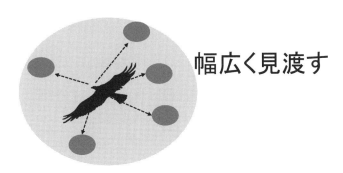

幅広く見渡す

垂直思考：問題を深く掘り下げて、因果関係や真因、本質を探る思考です

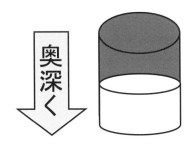

奥深く

案件9および案件15は、関連性がある案件も踏まえて対応する必要があります。

　ここでは、やはり当座の対策と再発防止に向けて抜本的な対策を講じていくことが求められます。

着眼点

- ✔ 案件9は顧客クレームの案件である
- ✔ クレームの内容を見ると、C介護サービスからの調理方法の変更依頼に対して、その対応ができていないことが分かる
- ✔ もうすでに何回か営業担当者に改善の依頼をしたが、未だに改善があまりみられない状況であり、施設としては大変困り果てている状況と言う
- ✔ きめ細かい対応をすることを約束し契約した経緯があるので、このままでは来年度の契約は考えざるを得ないと言う

→第3チームが担当する事業は、営業利益を出している事業であり、また案件2で示した方向性では「今後の需要増加が見込める介護施設向けを中心に事業展開を考えています」とした。これらを考えると、<u>この問題を抜本的に解決することは重要度が非常に高い</u>と言える

- ✔ 経営理念で"信頼"はモットーである
- ✔ 案件15ではコールセンターの問題についての情報がある
- ✔ コールセンターで受付のミスがたびたび発生しクレームにつながっていることが分かる
- ✔ コールセンターにおいて周知や教育が徹底されていないことが原因と考えられる
- ✔ コールセンターの鮎沢課長は、「コールセンターは、朝は戦争状態なんだ。毎日4万食の注文の受け付けをこなしているん

だ。そんな細かな注文の受付は、そもそもムリがある」と言う

✔ さらに、「そんなに言うんだったら、第3営業課で受け付ければいいじゃないか」と開き直った発言をした

✔ アンケート調査でも、"コールセンターのきめ細かな対応"が求められているという情報があり、コールセンターの対応には問題があることを裏付ける

→組織間の協力意識や注文の受付体制が整っていない可能性が高いと考えられる

当社ではこれまで長い年月、日替わり弁当一事業体制で事業展開しており、コールセンターにおいては「どこの会社に、何個」ということを受け付けるというシンプルな業務を行ってきた。しかも、それは朝の短時間で4万食の注文を受け付けるという極めて繁忙な業務と想像できる。そのため、その間に複雑な注文受付やきめ細かい対応をすることはムリがあることは理解できる

しかし、開き直って「第3営業課で受け付ければいいじゃないか」という言い方は、組織の管理職としては問題があると言え、セクショナリズムに陥っている可能性がある。組織の管理者であれば、全体最適を考えて、協力的な姿勢で問題解決にあたる事が求められる

一方、介護施設と取り引きをする前提条件は、個別でのきめ細かい対応や、問題発生時のフォロー体制などであるため、受付業務の改善は不可欠であり重要な課題となる

対応策のポイント

対応としては、以下のようなことが考えられます。

ここでは案件 9 と案件 15 を同時に処理します。

◇ 当座の対策として、顧客に対する謝罪および再発防止を徹底
する旨の連絡を入れるように指示するか、直接手紙やメール
を出す
また、C 介護サービスに関わる受付業務は抜本対策を実施す
るまでの間は第 3 営業課で行うことを周囲に周知する。C 介
護サービスにも連絡する

◇ 受付業務の改善は不可欠であり重要な課題であるため、再発
防止策や今後の受付業務のあり方や組織体制を検討すること
をメモする
今後の受付体制案として以下などが考えられる
①コールセンターのスタッフに対して再度教育と周知を行う。
その際、介護施設等が求めている要望などを丁寧に説明する
②第 3 営業課に関わる受付業務は第 3 営業課で行う
③コールセンターの中に専用の受付チームを別に設置する
早急に何らかの対策を実施する

このような対応をとるために、以下のメール（参考例）を斉藤室
長および湊リーダー、関係者へ出します。

案件9	斉藤室長
15	お疲れ様です。先ほどは、ありがとうございました。
14-B	C介護サービス様からのクレームの件、承知いたしました。

斉藤室長

お疲れ様です。先ほどは、ありがとうございました。

C介護サービス様からのクレームの件、承知いたしました。今回は社長宛のクレームのため、大変お手数ですが斉藤室長にC介護サービス様宛てのお詫び状のお手配をお願いできればと存じます。

なお帰国後、私が直接謝罪と今後の再発防止策の説明に伺いたいと存じます。

この後、当座の対応および再発防止に向けて関係者に連絡し手配いたします。私が不在にしている間、何かありましたら、フォローをお願いいたします。

どうぞ、よろしくお願いいたします。

（別メール）
湊リーダー
CC:斉藤室長、飯塚部長、鮎沢課長、中原リーダー、早川リーダー

お疲れ様です。この度、緊急な人事異動で第3営業課長を務めることになりました。今後よろしくお願いします。

さて、C介護サービス様から添付の通りクレームの手紙が社長宛に届きました。調理方法の変更依頼に対してその対応が十分にできていないことへのクレームです。すでに何度か改善の依頼は頂いていたにもかかわらず、改善が見られないとのことです。今回、社長宛にクレームが入ったからには、当社として再発があってはなりません。

したがいまして、当座の対応として以下をお願いします。

- C介護サービス様に関わる受付業務は、明日以降、抜本対策を実施するまでの間は第3営業課で行うことと

します
- このことをすぐに他部署も含めて関係者への周知をお願いします
- Ｃ介護サービス様にも連絡をお願いします。その際、お詫びもお願いします
- 受付方法は、湊リーダーが簡単なマニュアルを作成し第3営業課員に周知してください

なお、Ｃ介護サービス様へのお詫び状の手配は斉藤室長に依頼しました。

困ったことがあれば、斉藤室長、飯塚部長に相談してください。ワンチームで対応して行きましょう。

（メモ）

・受付業務の改善は不可欠であり重要な課題であるため、再発防止策や今後の受付業務のあり方や組織体制を検討する

・今後の受付体制案として以下などが考えられるが、帰国後、飯塚部長や関係者と詳細打ち合わせを行い、早急に何らかの対策を実施する

①コールセンターのスタッフに対して再度教育と周知を行う。その際、介護施設等が求めている要望などを丁寧に説明する

②第3営業課に関わる受付業務は第3営業課で行う

③コールセンターの中に専用の受付チームを別に設置する

さて、次は案件7を見ていきます。

案件7	早急な業績改善のプランを求める	

9/25　飯塚部長から丸居課長へ

➤ 今期もすでに半期が過ぎようとしているが、業績は停滞したままだ

➤ 課員にハッパをかけるなりして、とにかく早急に業績をアップさせて欲しい

➤ これでは私も立場がない。少なくとも今期末（V年3月）の営業利益の赤字は必ず回避したい

➤ 10月8日（月）のサービス部会議までに、業績改善のためのプランを作成し、当日説明をしてくれ

【第3営業課の月次業績推移】
U年8月末現在　　　　　　　　　　　　　　　　　　　（単位：百万円）

	U年4月	U年5月	U年6月	U年7月	U年8月	合計
売上高	42.0	39.0	43.0	40.0	37.0	201
材料費	21.1	19.5	21.5	20.0	18.5	100.6
労務費	7.4	6.8	7.5	7.0	6.5	35.2
その他原価	8.2	7.6	8.4	7.8	7.2	39.2
売上原価	36.7	33.9	37.4	34.8	32.2	175.0
売上総利益	5.3	5.1	5.6	5.2	4.8	26.0
販売費	6.1	5.7	6.2	5.8	5.4	29.2
営業利益	−0.8	−0.6	−0.6	−0.6	−0.6	−3.2

※間接部門等の経費は、商品分野ごと売上・人件費割合に応じて按分し販売費に配賦した

案件7は、関連性がある案件も踏まえて対応する必要があります。ここでは、期限が定められており、早めの対応が求められています。

着眼点

✔ 本案件は、田中課長の立ち位置を考えると、何らかのアクション、あるいは意見は持ちたい

✔ 10月8日（月）のサービス部会議で業績改善プランの説明をしなければならない

✔ 本案件にあるデータの分析が必要。しかし、このデータだけでは不十分

✔ 案件1－B①、②のデータや、その他の情報も活用したい

✔ また案件2で考えた今後の方向性や方針を踏まえて一貫性をもって考えたい

✔ また、「今期もすでに半期が過ぎようとしているが、業績は停滞したまま」と言われるのは当然で、案件7のデータを見る限り、何ら有効な対策を講じていない可能性が高いと考えられる

対応策のポイント

対応としては、以下のようなことが考えられます。

◇ 10月8日（月）（＝着任日）のサービス部会議で業績改善プランの説明をしなければならないことから、3人のリーダーに、それぞれ自チームの業績改善プランを作成することを指示する

◇ 案件7のデータだけでは不十分なので、チーム別（できれば、商品・サービス分野別）の今期の月次業績推移のデータや、U年3月以前の月ごとのデータや、前年同期のデータなどを準備してもらうための指示・依頼を行う

◇ 提出期限は10月5日とする（→10月8日の朝に見ることができる）

（今後についてメモする）

 ❖ 帰国後、早急に第3営業課の状況を詳細分析した上で、今後
　 の具体的な業績改善プランを検討する
 ❖ その際、案件2で書いた方向性に基づいて、一貫した対策を
　 検討する
 ❖ 特に第1チームの事業は営業赤字が続いているが、有効な対
　 策は打たれていない可能性が高く、この辺りの対策がポイン
　 トと考える
 ❖ 営業利益の赤字を回避するために、不採算分野は早期に撤退
　 することを検討する

このような対応をとるための指示や連絡などを各方面へ出します。

なお、分析をする際には以下の切り口（軸）を、ご参考にしてく
ださい。

時間軸	要素軸
変化を知り、傾向をつかむ	分解し、要因や原因などを探す
年間、四半期、月間、旬間、週間、曜日、日、時間帯など ※季節性その他の要因	事業ごと、組織ごと、グループごと、チームごと、人ごと、分野ごと　など

 本案件の場合は、以下のようなデータを入手して分析し、傾向性
や要因を確認したいところです。

 ➤ U年3月以前の月ごとのデータは？
 ➤ 下がってきているのか、上がってきているのか？
 ➤ 昨年の今頃は？
 ➤ 4月～8月、3つのチーム別のデータはどうなっているのか？
 ➤ できれば商品・サービス分野別のデータはどうなっているのか？
 ➤ 売上総利益率は、どうなっているのか？
 ➤ U年4～8月の間に、どのようなアクションを行ったのか？

なお、ここでは紙面の都合上、対応策のポイントを箇条書きで記載していますが、人材アセスメントの際は、回答用紙に、175ページの案件9の処理のように、実際に人を動かすイメージで、宛先を入れて、できるだけ指示文や依頼文調（誰に、何をさせるのかなど）で書いてくださいね。以下の例のように箇条書きやメモだけでは、指示の受け手が、どう動いたら良いのか分からない場合があります。そう判断されると、アセッサーに判定してもらえないこともあります。このような書き方をする方を時々見かけます。
※なお、本書では、数案件に関して、案件9のように指示文などの参考例を掲載させていただきます。（全案件ではありません。）

（書き方が好ましくない回答例）

案件7	・ 10月8日（月）（＝着任日）のサービス部会議で業績改善プランの説明をしなければならないことから、3人のリーダーに、それぞれ自チームの業績改善プランを作成することを指示する ・ 案件7のデータだけでは不十分なので、チーム別（できれば、商品・サービス分野別）の今期の月次業績推移のデータや、U年3月以前の月ごとのデータや、前年同期のデータなどを準備してもらうための指示・依頼を行う

※上記は指示・依頼文ではありません。勿論、指示や依頼をするのではなく、自分だけのメモや心づもりとして書くなら構いません。

さて、次は案件14を見ていきます。

| 案件 14 | アンケート結果が出た |

9/18　飯塚部長からサービス部各課長へ

➤ <u>10 月5日の部室長会議</u>での議題になるので、<u>10 月初めまでに、問題</u>
　<u>点や顧客ニーズを整理して、今後の改善案や施策を私まで報告を願い</u>
　たい

➤ <u>お弁当アプリでの注文やキャッシュレス決済のニーズが高まってきてい</u>
　るが、当社では、今のところ、注文の受付は、電話、FAX、Web のみ
　でやっている。<u>そろそろ、考え時かもしれない</u>

【関連案件等】

案件2	今後の新しい事業展開、新商品・サービスの収益化など について、君の考えを聞かせて欲しい
案件9、15	コールセンターの受付対応でクレームが発生
指示書	最近オフィスビルはセキュリティーが厳しくなる傾向にあり、従来型の営業手法では顧客への接触が難しくなってきている　など

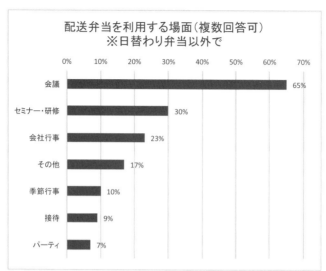

配送弁当を利用する場面（複数回答可）
※日替わり弁当以外で

※本調査は、お弁当の発注担当者様を対象に行った。

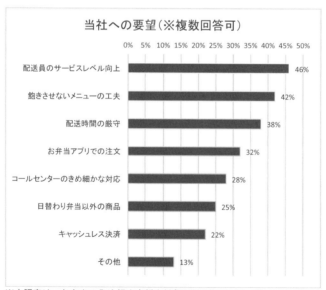

当社への要望（※複数回答可）

※本調査は、お弁当の発注担当者様を対象に行った。

案件14も、関連性がある案件を踏まえて対応する必要があります。すでに期限が来ておりこの場での対応が求められています。

着眼点

✔ 本案件は、田中課長の立ち位置を考えると、何らかのアクション、あるいは意見は持ちたい

✔ 10月5日（金）の部室長会議での議題になる

✔ 問題点や顧客ニーズを整理して、今後の改善案や施策の報告が求められている

（グラフ「配送弁当を利用する場面」から）

✔ お弁当の発注担当者様を対象に行った調査結果から、会議やセミナー・研修、会社行事、季節行事、パーティなどで、配送弁当を利用するという顧客ニーズがあることが分かる

✔ そうであれば、日替わり弁当の既存顧客に対して、会議やセミナー・研修、会社行事などの際に、当社の商品・サービスを利用してもらうように、第1営業課、第2営業課を巻き込んで働きかけていけば、受注の確保が見込める

（グラフ「当社への要望」から）

✔ 本調査結果から、日替わり弁当以外の商品が求められている事もあり、上述の取り組みは顧客サービスの充実につながり、当社事業の相乗効果発揮にもつながるものと考えられる

✔ また、「コールセンターのきめ細かな対応」が求められていることが分かり、案件9のC介護サービス以外でも問題が起こり得る可能性が考えられる

✔ さらに、「配送員のサービスレベル向上」、「配送時間の厳守」については多くの要望があり、放置するとクレームや顧客満足の低下、顧客離れにつながる可能性が考えられる

✔ 加えて、「お弁当アプリでの注文」、「キャッシュレス決済」なども要望があることが分かる

→顧客接点の確保、顧客離れの防止のために必要。また発注
　　担当者様の負担軽減にもなるものと思われる
✔ それから、「飽きさせないメニューの工夫」もかなり多くの要
　望があることが分かる
　　→食材の制約がある中で競合企業との差別化要素として必要

対応策のポイント

対応としては、以下のようなことが考えられます。

✧ 日替わり弁当の既存顧客に対して、会議やセミナー・研修、
　会社行事などの際に、当社の商品・サービスを利用してもら
　うように、第1営業課、第2営業課を巻き込んで働きかけて
　いく
　　→このことは、顧客サービスの充実につながり、第1営業課、
　第2営業課の事業にもプラスに働くものと考えられる
✧ コールセンターの対応の改善
✧「配送員のサービスレベル向上」、「配送時間の厳守」について
　は、社内で具体的に調査の上、配送員の基本行動の再教育を
　実施し、レベルアップを目指す
✧ 競合企業との差別化要素として、「飽きさせないメニューの工
　夫」を、メニュー課を中心に行っていく
✧ 顧客接点の確保や顧客離れの防止、発注担当者様の負担軽減
　の観点から、「お弁当アプリでの注文」や「キャッシュレス決済」
　は、前向きに導入を検討する

このような内容の報告（メール）を飯塚部長へ出します。
さて、次は案件18を見ていきます。

案件 18	製造部からのメール

9/20　飯塚部長から丸居課長へ

➢ 以下のメールが製造部から来た。10月5日の部室長会議の議題になるので、それまでに対策案を私まで報告してくれ

9/19　辻田製造部長から飯塚部長へ

➢ 先日の敬老の日に、慶事・お祝いプランの注文が多数入った

➢ 注文数や種類の変更や、キャンセルなどが相次ぎ、結果として、製造工程の混乱や材料の廃棄が大量に発生したとの報告が工場からあった

➢ これまで当社では正確な需要予測に基づき、仕入れや生産の計画を立て製造を行っており、廃棄率は業界平均と比較して極めて低い。それが当社の強みの源泉でもある

➢ 第3営業課の商品に関わる製造が始まってからは、当社の売上原価率は上昇傾向にあります。一旦は、改善されましたが、ここに来て再度上昇する傾向にあるようです

➢ 何か対策をとってくれませんか

【関連案件等】

案件 13	10月中旬から取り扱う予定の重役会議用の高級弁当のことですが、設定価格とメニュー内容から原価計算をしたところ、現在の仕入れ値からすると、材料の原価率が70%を超えそうです 中原君が担当者ですが、彼はこのあたりのリスクや利益率をちゃんと考えて、商品設計をしているのでしょうか。すこし疑問を感じます。これまでも同様のことがありました

【関連案件等】

案件 17 ①

統計資料（L総研）

【T年度　決算企業（同業他社）　調査資料】

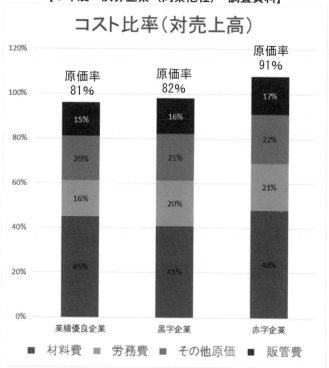

【関連案件等】

指示書

【健幸弁当センター株式会社 全体の業績推移】
U 年 3 月末現在 　　　　　　　　　　　　　　　　　　　　　（単位：百万円）

	Q 年 3 月	R 年 3 月	S 年 3 月	T 年 3 月	U 年 3 月
売上高	4,200	4,500	4,700	4,900	5,100
材料費	1,764	1,909	2,054	2,134	2,231
労務費	672	721	799	825	877
その他原価	819	878	919	955	994
売上原価	3,255	3,508	3,772	3,914	4,102
売上総利益	945	992	928	986	998
販管費	630	701	727	742	772
営業利益	315	291	201	244	226

比率を算出すると

【健幸弁当センター株式会社 全体の業績推移】
U 年 3 月末現在 　　　　　　　　　　　　　　　　　　　　　（単位：百万円）

	Q 年 3 月	R 年 3 月	S 年 3 月	T 年 3 月	U 年 3 月
売上高	4,200	4,500	4,700	4,900	5,100
材料費	1,764	1,909	2,054	2,134	2,231
労務費	672	721	799	825	877
その他原価	819	878	919	955	994
売上原価	3,255	3,508	3,772	3,914	4,102
売上原価率	77.5%	78.0%	80.3%	79.9%	80.4%
売上総利益	945	992	928	986	998
売上総利益率	22.5%	22.0%	19.7%	20.1%	19.6%
販管費	630	701	727	742	772
営業利益	315	291	201	244	226
営業利益率	7.5%	6.5%	4.3%	5.0%	4.4%

案件18も、関連性がある案件を踏まえて対応する必要があります。期限が定められており、早めの対応が求められています。

着眼点

✔ 10月5日（金）の部室長会議での議題になる
✔ 売上原価率が上昇傾向への対策が求められている

（現状確認）
✔ 指示書に掲載された前ページの【健幸弁当センター株式会社 全体の業績推移】の表で原価率を算出し推移を見ると、確かに上昇傾向にあることが確認できる
✔ Q年3月期の77.5%と、前期U年3月期の80.4%を比較すると、2.9ポイント増加している
✔ 前期U年3月期の売上高は51億円なので、仮にQ年3月期と同じ原価率だったとすれば、51億円×2.9%≒1.48億円となり、売上総利益を1.48億円高めることができる計算になる
✔ したがって、原価率の上昇は非常に大きなマイナス効果をもたらしていると言える
✔ 一方、案件17①に掲載された【T年度　決算企業（同業他社） 調査資料】コスト比率（対売上高）を見ると、業績優良企業の原価率は81%であり、それと比較すると、当社全体の原価率は同程度であることが分かる

（原因究明）
売上原価率が上昇傾向となった、原因を探っていくと
✔ 第3営業課の新規事業において、商品・サービスの注文変更やキャンセルなどのルールやキャンセル料などの設定が不明確な可能性がある
✔ 中原リーダーは、各種のリスクや利益率の計算が甘い商品設

計をしている可能性が高い。という声がある

✔ 総じて、売上高＆新規顧客開拓重視で、利益度外視のマネジメントや営業活動になっている可能性がある
✔ 製造部と事前のコミュニケーションが不足している可能性がある

これらが売上原価率の上昇傾向の原因となっている可能性がある。

対応策のポイント

対応としては、以下のようなことが考えられます。

◇ 第3営業課は、利益目標を明確にして、組織として利益管理を厳格に行う
◇ 商品設計をする際は、原材料の廃棄や価格変動などのリスクを考慮し利益率の計算をしっかりと行う
◇ 製造部との事前のコミュニケーションを強化する
◇ 商品・サービスごとに注文変更やキャンセルなどの期限の明確化や、損失が出ないようにキャンセル料の設定などを行う

このような内容の報告（メール）を飯塚部長へ出します。

さて、次は第8章で管理職の意思決定について見ていきます。

第8章

管理職の意思決定とは

1. 管理職は時にはリスクをとることが求められる

管理職と一般職との違い

　管理職と一般職が、それぞれ担う役割で大きく違うのは、管理職は物事を"決める"（＝意思決定する）ことを求められるということです。

　一般職の間は、組織のルールやマニュアル、あるいは先輩から教えられた事などに従って、忠実に仕事をするというのが基本スタンスだと思います。

　しかし、管理職になると、より経営者に近い立場で仕事をしていくことになります。

「右に行くのか、左に行くのか」、「進むべきか、立ち止まるべきか」判断に迷う場合でも、どのようにするかを決めることが管理職には求められます。

　例えば、リスクがあること（例：責任をとらされる事柄）に挑戦したり、これまでのやり方（例：会議や報告書）を変革したり、人に頼らずに自分の責任で決めることなどが求められます。このような取り組みは、勇気が必要ですし、非常にエネルギーを費やしますが、それをやるのが管理職です。

　勿論、何でもかんでも、よく考えずに、即断即決で決めてよいという訳ではありません。自分に与えられた役割や状況に応じて、時にはリスクを取ってでも自分の責任で決断する場合があるという意味です。

　これが管理職と一般職との大きな違いです。

　一方、管理職になっても、それができずに、すべてを上司に相談したり、自分で責任を取らなかったりするような姿勢では、管理職

として物足りないと言われてしまいます。部下からも信頼されない
ことにもつながります。

リスクはできるだけヘッジする

　新しいことへのチャレンジや、組織の変革などは、リスクを伴う
場合があります。また、100％成功する保証は何処にもありません。
　しかし、ビジネス（仕事）である以上、できるだけ失敗はしたく
ないし、リスクは最小限にとどめたい（リスクヘッジしたい）です。
　したがって、本書で既に書きましたように、できるだけ成功確率
を高めるためには、多くの情報を集めて、慎重にかつ論理的に分析
をして物事を決めていくことが大切です。

　一方、経営環境は常に変化しています。しかも、少しずつ時間を
かけて変化しています。この環境変化に気がつかず、何もやらずに、
業績悪化や、悪くすると致命傷に至る場合もあります。

ゆでカエルの話をご存じですか？

「カエルを熱湯の中に入れると驚いてすぐに飛び出し逃げます。
一方、常温の水の中に入れて徐々に熱すると、カエルはその温度
変化に気づかず、生命の危機と気づかないうちにゆであがって死
んでしまう」という話です。

このように、変化に気がつかず“何もしないこと”によるリスク
もあるのです。

　また、

「大きい会社が生き残れるのではなく、環境変化に上手く対応で
きる企業や組織が生き残る」

という教訓もあります。

是非、時には果敢に意思決定をして、チャレンジする精神をお持ちいただきたいと思います。

インバスケット演習の回答を見ていると、
・何でもかんでも、上司に判断を求める方
・ほとんどを帰国後に処理する（＝先送りする）方
・上司や部下に丸投げする（自分の判断はない）方
がいます。
勿論、組織ですのでそれが必要な場合もありますが、
自分が何を期待されている管理職なのかをしっかりと確認した上で、ご自身で意思決定するべき事項は自身で意思決定するという姿勢も必要です。
意思決定するのが、管理職の重要な仕事です。

では、案件の解説に戻りましょう。

本章では、案件8、案件10、案件11、案件13を見ていきますが、いずれの案件も部下や他部署から意思決定を求められています。

案件8-A ｜ この冬のおせち料理の販売促進予算確保のお願い

9/21　中原リーダーから丸居課長へ

➤ "おせち料理" は、新商品で先日ようやく正式に会社の承認を得ることができ、この冬の目玉商品になります

➤ この企画を確実に成功させるためには、"おせち料理" 専門の販売促進のためのランディングページを Web 上にアップして、当社のおせち料理を強烈に消費者にアピールしたい

➤ Web 制作の業者から見積書（60 万円、税込み）が出てきました

➤ 10 月 10 日までに契約すれば、この暮れの "おせち料理" の予約注文に間に合わすことができます

➤ 是非、予算の承認の手続きをお願いいたします

➤ 当課の今後の起爆剤にしていきたいと思います

【関連案件等】

案件 11

9/ 6　中原リーダーから丸居課長へ

➤ 新企画を検討中ですが、テレビでも有名なGシェフが監修するお弁当を商品化し販売するという企画です

➤ 私はかなりの確度で大ヒットは間違いないと思います

➤ 契約はマネジメント会社を通じて行います。10 月の初めくらいまでに仮契約をすれば、独占契約ができます

➤ これが成功すれば、さらに他のシェフや料理人と契約し、品揃えを増やしていきたいと思います

➤ 検討を進める方向でよろしいでしょうか

| 案件 8-A | この冬のおせち料理の販売促進予算確保のお願い |

【関連案件等】

案件 1-C	［プロフィール情報］第1チーム リーダー 中原正彦
	➤ 元IT企業出身。インターネットを通じた集客などに詳しく、実績もある。成果獲得意欲は高いが、これまで収益に結びついていないところを本人は歯がゆく思っているようだ。一方、やや強引なところが有り、単独行動も目立つ

案件 13	➤ 重役会議用の高級弁当のことですが、材料の原価率が70%を超えそうです
	➤ 中原君が担当者ですが、彼はこのあたりのリスクや利益率をちゃんと考えて、商品設計をしているのでしょうか。すこし疑問を感じます。これまでも同様のことがありました

| 案件 18 | ➤ 第3営業課の商品に関わる製造が始まってからは、当社の売上原価率は上昇傾向にあります。一旦は、改善されましたが、ここに来て再度上昇する傾向にあるようです |

案件 20	➤ 今年度も収益状況は大変厳しい状況が続いている
	➤ 来月5日の部室長会議で、経費削減策を具体的に検討したい

案件8-A	この冬のおせち料理の販売促進予算確保のお願い

【関連案件等】

指示書参考情報3

【予算決裁権限規定　抜粋】

販売促進のための予算（月額）の決裁権限は以下の通りとする。

金額	社長	部室長会議	部長	営業課長
10万円以下	○	○	○	○
10万円超〜30万円以下	○	○	○	
30万円超〜50万円以下	○	○		
50万円超〜100万円以下	○	○		
100万円超〜	○			

案件 1-B ②

【第1チーム　医者向け、会議向けなど】
U年3月末現在　　　　　　　　　　　　　　　　（単位：百万円）

	Q年3月	R年3月	S年3月	T年3月	U年3月
売上高		50	80	100	125
材料費		31.0	48.0	58.0	77.5
労務費		8.8	14.1	17.7	21.9
その他原価		10.5	16.0	20.0	25.0
売上原価		50.3	78.1	95.7	124.4
売上総利益		−0.3	1.9	4.3	0.6
販売費		17.0	18.4	20.0	28.8
営業利益		−17.3	−16.5	−15.7	−28.2

※間接部門等の経費は、商品分野ごと売上・人件費割合に応じて按分し販売費に配賦した

案件 8 と案件 11 は、同時に見ていきます。

着眼点

（案件 8）
- ✔ おせち料理は新商品で会社から正式に承認されている
- ✔ この冬の目玉商品と言う
- ✔ "おせち料理" 専門の販売促進のためのランディングページをWeb 上にアップして強烈に消費者にアピールしたいと言う
- ✔ Web 制作の業者から見積書（60 万円、税込み）が来ており、その予算の承認の手続きの可否を判断することを求められている
- ✔ なお、10 月 10 日までに契約すれば、この暮れの "おせち料理" の予約注文に間に合わすことができる
- ✔ 当課の今後の起爆剤にしていきたいと言う
  →本人は大変意欲的
  ※本人のモチベーションへの配慮は必要

- ✔ 本件は、経費（60 万円）がかかる
- ✔ また、60 万円の販売促進費の決裁権者は、社長か部室長会議である
- ✔ 10 月 10 日まで契約することを前提にすると、直近の部室長会議は 10 月 5 日（金）であり、帰国後では間に合わない。その場合は、社長決裁か

（案件 11）
- ✔ テレビでも有名な G シェフが監修するお弁当を商品化し販売するという新企画について、検討を進める方向で良いかどうかの判断が求められている
- ✔ 契約はマネジメント会社を通じて行うが、10 月の初めくらい

までに仮契約をすれば、独占契約ができると言う
→仮契約の費用の有無は？
仮契約後にキャンセルした場合は、どうなるのか？
など疑問
- ✔ 私はかなりの確度で大ヒットは間違いないと思います
- ✔ これが成功すれば、さらに他のシェフや料理人と契約し、品揃えを増やしていきたいと思います
  →本人は大変意欲的
  ※本人のモチベーションへの配慮は必要

（関連共通情報）
- ✔ 中原リーダーのプロフィールを見ると、元IT企業出身でインターネットを通じた集客などに詳しく実績もある。成果獲得意欲は高いが、これまで収益に結びついていない。やや強引なところが有り、単独行動も目立つとある
- ✔ 仕入課からは、重役会議用高級弁当の材料の原価率が70％を超えそう。中原君はリスクや利益率をちゃんと考えて商品設計をしているのかすこし疑問を感じます。これまでも同様のことがありましたとの声がある
- ✔ 製造部からは、第3営業課の商品に関わる製造が始まってからは、当社の売上原価率は上昇傾向。一旦は改善されたが、ここに来て再度上昇傾向にあるとの指摘がある
- ✔ 実際、第1チームの売上高・利益等の推移を確認すると、営業赤字が拡大していることが分かる
- ✔ 総務部長からは、今年度も収益は大変厳しいため経費削減策の要請が出ている

　対応としては、以下のようなことが考えられます。

（案件8）

【※販売促進策を<u>承認する</u>の方向で検討する場合】

✧ 中原リーダーの成果獲得意欲と、インターネットを通じた集客などに詳しく実績もあるということを考慮して、ランディングページを通じた販売促進を実行する方向で動く

✧ しかし、第3営業課のⅤ年3月期で営業利益の赤字は回避することが重要課題である。また経費の削減要請もあるため費用対効果を慎重に判断したい

✧ 60万円の販売促進費を使って、使った費用以上の利益を確保できるかどうか正確な見通しを確認したい

✧ それを確認するために、以下の資料やデータの用意を中原リーダーに指示する

- これまで同様の取り組みをした際のホームページへのアクセス数や実際に販売に至った実績数など
- おせち料理の原価率、販管費率など
- この販売促進費を使った場合と、そうでない場合の売上高・営業利益の見込み額

✧ それらの資料・データを飯塚部長に提出させて、可否を判断してもらうとともに、部室長会議で予算決裁を諮ってもらう

✧ なお、10月5日に間に合わない場合は、社長に決裁を申請し、10月10日の契約に間に合わす

【※販売促進策を<u>承認しない</u>方向で検討する場合】

✧ 中原リーダーは、リスクや利益率をきちんと考えて商品設計をしていない可能性があること。また、第3営業課の商品に関わる製造が始まってからは当社の売上原価率は上昇傾向にあるとの情報

があること。さらには、第1チームの売上高・利益等の推移を確認すると、営業赤字が拡大していること

✧ 中原リーダーは、「成果獲得意欲は高いが、これまで収益に結びついていない。やや強引なところが有り、単独行動も目立つとある」というプロフィール情報があること

✧ 第3営業課のⅤ年3月期で営業利益の赤字は回避することが重要課題である。また経費の削減要請もあること

✧ これらのことを勘案して、ランディングページを通じた販売促進は見送ることとする

✧ ただし、この場合は、中原リーダーの意欲的な仕事ぶりに感謝をするとともに、自身の方針や考えを丁寧に説明するなど本人のモチベーションへの配慮が必要である

（案件11）

✧ Gシェフが監修するお弁当の新企画について、検討を進める方向で良いかどうかの判断が求められている

✧ 10月の初めくらいまでに仮契約すれば、独占契約ができるとある

✧ 9月6日に中原リーダーからメールが入っているので、だいぶ時間が経過している

✧ 仮契約について、以下の確認が必要なので、中原リーダーに確認するように指示をする

- 費用の有無
- 仮契約後にキャンセルした場合は、どうなるのか？
- 仮契約の正確な締め切り期限はいつ？

✧ また、当企画案の採算性を確認するため、以下の資料・データを用意するように指示する

- 当企画案のお弁当の原価率
- Gシェフに支払う費用も含めた販管費率
- Gシェフのプロフィール、実績など

- 想定ターゲットのプロフィール
- 市場規模、予測などのデータ

（仮契約の締め切り期限が10月7日以前の場合は）

❖ それらの情報・資料・データを飯塚部長に提出させて、可否を判断してもらう

（仮契約の締め切り期限が10月8日以後の場合は）

❖ 自身に提出させて、可否を判断する

❖ また案件8と同様に、本人は大変意欲的に業務を行っているので、意欲的な仕事ぶりに感謝をするなど本人のモチベーションへの配慮が必要である

❖ また、今後のことを考えて、以下のメモを残す
「今後、商品設計をする際は、予め、市場予測データの収集や廃棄リスクを考慮し利益率の計算をしっかりと行う。また販売促進費についても事前に計画に織り込むように指導する」

　このような対応をとるための指示や連絡などを中原リーダーおよび関係者へ出します。

　なお、案件8と案件11は、同時処理（同じメールで、指示などする）でも良いと思います。

　さて、次は案件10を見ていきます。

案件 10	D製薬会社から経費支援の要請の件

9/27　久留米悠里から丸居課長へ　CC：中原リーダー

➤ 病院・クリニック・調剤薬局向けの高級弁当の注文をいただいています
D製薬会社のご担当者様から、10月12日に医師会の幹部の方を接待
するための費用を少し手伝ってもらえないかとの要請をいただきました

➤ 今回は、5万円程度でと言われました

➤ 今後、さらに注文を増やしていただける感じもあり、是非、経費支出の
ご承認をお願いいたします

➤ なお、いつもと同様に領収書は出ないとのことです。

【関連案件等】

案件 20	➤ 今年度も収益状況は大変厳しい状況が続いている ➤ 来月5日の部室長会議で、経費削減策を具体的に検討 したい

案件 10 も部下から意思決定が求められています。
やはり期限が定められており、早めの対応が必要です。

着眼点

✔ 部下から経費支出の承認を求められている
✔ 10 月 12 日に行われる接待費用に使うというが
　　→ 10 月 12 日以前に必要か？
　　→ 10 月 13 日以後でもよいのか？
✔ 今回は 5 万円程度、いつもと同様に領収書は出ない。ということだが、以下の疑問が出る
　　→販売促進費などで経費処理できるのか？
　　→コンプライアンス上の問題はないのか？
　　→領収書が出ないということは、D 製薬会社の担当者、あるいは久留米が不正をしている可能性はないか？
✔ 今後、さらに注文を増やしていただける感じもありと言うが、
　　→費用対効果は？
　　→どれくらいの見込みがあるのか？
✔ 総務部長からは、今年度も収益は大変厳しいため経費削減策の要請が出ている
✔ 久留米は、前向きに動いている

対応策のポイント

対応としては、以下のようなことが考えられます。

✧ 本件の経費支出は可能か、またコンプライアンス上の問題がないかどうかを、経理課に問い合わせて確認する
✧ その上で、問題がなければ承認の方向もあり得るが、問題がある場合は承認をしない

（久留米に）

✧ ５万円はいつまでに必要かを確認する

✧ Ｄ製薬会社との取り引き実績データを時系列で提出させる

✧ 今後の見込み（具体的にはどのような話が出ているのか）を確認する

✧ その上で、帰国後速やかに判断する

このような対応をとるための指示や連絡などを各方面へ出します。

実業務でもこのような判断を求められることはあると思いますが、管理職としてはリスクにも目を配りながら、成果につなげていきたいところです。

リスクをヘッジするためには、さまざまな角度から物事を考えることが必要です。

判断する際には、あらかじめ自分なりの自問パターンを作っておくことも、役に立つと思います。以下は例です。

・待てよ！

・隠れたリスクはないか？

・コンプライアンス上の問題はないか？

・背景や原因は、どうなんだろう？

・それを実施する理由は？

・実施した場合の、メリットは？デメリットは？

・実施しない場合の、メリットは？デメリットは？

・他に方法はないか？３つ考えろ！

・あの人だったら、どう考えるだろう？

・結果、どうなるんだ？

さて、次は案件13を見ていきます。

案件 13　重役会議用の弁当の件

9/26　柴田仕入課長から丸居課長へ

➤ 10月中旬から取り扱う予定の重役会議用の高級弁当のことですが、設定価格とメニュー内容から原価計算をしたところ、現在の仕入れ値からすると、材料の原価率が70%を超えそうです

➤ 高級鮮魚や高級フルーツなどを多く使うので、廃棄ロスを考えると仕入れ数量の判断が難しいうえに、価格変動もあり原価率のコントロールが難しいと考えられます

➤ 中原君が担当者ですが、彼はこのあたりのリスクや利益率をちゃんと考えて、商品設計をしているのでしょうか。すこし疑問を感じます。これまでも同様のことがありました

➤ 一旦、この商品の取り扱いは、中止してはいかがでしょうか

【関連案件等】

案件 1-C	［プロフィール情報］第1チーム リーダー 中原正彦 ➤ 成果獲得意欲は高いが、これまで収益に結びついていないところを本人は歯がゆく思っているようだ。一方、やや強引なところが有り、単独行動も目立つ
案件 18	➤ 第3営業課の商品に関わる製造が始まってからは、当社の売上原価率は上昇傾向にあります。一旦は、改善されましたが、ここに来て再度上昇する傾向にあるようです

| 案件 13 | 重役会議用の弁当の件 |

【関連案件等】

案件 17 ①

統計資料（L総研）

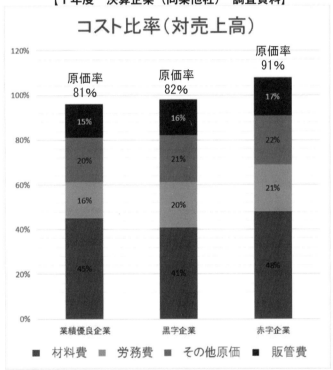

【T年度　決算企業（同業他社）　調査資料】

案件13も、関連性がある案件を踏まえて対応する必要があります。

着眼点

✔ 10月中旬から取り扱う予定の重役会議用の高級弁当について、一旦取り扱いを中止した方がよいとの意見が柴田仕入課長からあった

✔ 理由は、原価計算をしたところ、現在の仕入れ値からすると、材料の原価率が70％を超える可能性があるためとのこと
　→案件17①の図で同業他社の材料費の比率を確認すると、業績優良企業は45％で、赤字企業でも48％であり、いくら高級弁当といえども70％は異常な数値であることが分かる

✔ また、この商品は高級鮮魚や高級フルーツなどを多く使うので、廃棄ロスを考えると仕入れ数量の判断が難しいうえに、価格変動もあり原価率のコントロールが難しいと言う

✔ さらに、中原君はリスクや利益率をちゃんと考えて商品設計をしているのかすこし疑問を感じます。これまでも同様のことがありましたとも言う

✔ 製造部からは、第3営業課の商品に関わる製造が始まってからは、当社の売上原価率は上昇傾向。一旦は改善されたが、ここに来て再度上昇傾向にあるとの指摘がある

✔ 中原リーダーは、成果獲得意欲は高いが、これまで収益に結びついていないところを本人は歯がゆく思っているようだ。一方、やや強引なところが有り、単独行動も目立つとのプロフィール情報もある

✔ 中止する場合、リスクの発生も考えられるため、以下の状況の確認が必要
　• チラシやパンフレットの印刷発注状況
　• 予約の受付状況
　• ホームページの掲載状況

対応としては、以下のようなことが考えられます。

❖ 上記の情報から、柴田仕入課長が言う「一旦中止」は妥当と考えられる

❖ 中原リーダーに対しては、10月中旬から取り扱う予定の重役会議用の高級弁当については、採算の確保が難しいと考えられるため、一旦中止とすることを指示する。また以下を確認する
  - チラシやパンフレットの印刷発注状況
  - 弁当の予約の受付状況
  - ホームページの掲載状況

❖ そして状況に応じて事後対応を指示する
  （チラシやパンフレットの印刷を発注している場合）
  - キャンセルできないかを問い合わせる
  - まだの場合は、発注をしない
  （弁当の予約の受付をしてしまっている場合）
  - その分だけ、製造販売する
  - または、お客様にお詫びの上、お断りするか、代替え品をお薦めする
  （すでにホームページに掲載してある場合）
  - ホームページから当該商品の掲載を削除する

❖ 理由を丁寧に説明するなど中原リーダーのモチベーションへの配慮もする

このような対応をとるために、以下のメール（参考例）を中原リーダーおよび柴田仕入課長、関係者へ出します。

案 件 13	中原リーダー ＣＣ：柴田仕入課長、飯塚部長 件名：重役会議用の高級弁当の件 お疲れ様です。
1-C 18	この度、緊急な人事異動で第3営業課の営業課長を務める ことになりました。今後よろしくお願いします。
17①	日頃、会社のために努力をしていただき、ありがとうございます。 急な事で申し訳ありませんが、10月中旬から取り扱う予定の重役会議用の高級弁当については、採算の確保が難しいと考えられるため、一旦中止とすることにしました。 理由は、仕入課の柴田課長から「原価計算をしたところ、現在の仕入れ値からすると材料の原価率が70％を超えそうです。高級鮮魚などを多く使うので廃棄ロスを考えると仕入れ数量の判断が難しいうえに、価格変動もあり原価率のコントロールが難しいと考えられます」との指摘があったためです。 つきましては、以下の対応を至急お願いします。 （本商品に関するチラシやパンフレットの印刷を発注している場合） • キャンセルできないかを問い合わせる • まだの場合は、発注をしない （弁当の予約の受付をしてしまっている場合） • その分だけ、製造販売する ※この場合、柴田課長ご対応をお願いいたします。 • または、お客様にお詫びの上、お断りするか、代替え品をお薦めする （本商品をすでにホームページに掲載してある場合） • ホームページから当該商品の掲載を削除する

なお、10月8日に私が出勤したときに、上記の結果報告をお願いします。
今回の件は大変申し訳なく思いますが、今後も、中原リーダーの力を借りながら第3営業課を盛り上げていきたいと思いますので、ご理解とご協力をよろしくお願いします。

　さて、次は第9章で問題解決プロセスと実行計画について見ていきます。

第9章

問題解決プロセスと実行計画

1．マネジメントにおける問題解決プロセスとは

　会社や組織の管理職が求められるマネジメントの定義は以下の通りでした。

【マネジメントの定義】

> **「マネジメントとは、組織の目標を達成するために経営資源を最も効果的・効率的に活用し人を通じて成果をあげることである」**

　組織目標の達成に向けて、問題があればそれを解決して、成果をあげていくことが求められます。また、より良い職場作りや、より生産性を高めていくなどの取り組みも必要です。

　これまで、「方針設定」、「問題解決と課題設定」、「意思決定」を見てきましたが、最終的には「実行計画」に落とし込んでいく流れになります。
　管理職がマネジメントの一環として問題解決をする際の思考・意思決定・実行プロセス（＝問題解決の一連の流れ）は、次ページの図「問題解決の思考・意思決定・実行プロセス」の流れになります。
　ここで詳しく見ていきたいと思います。

問題解決の思考・意思決定・実行プロセス

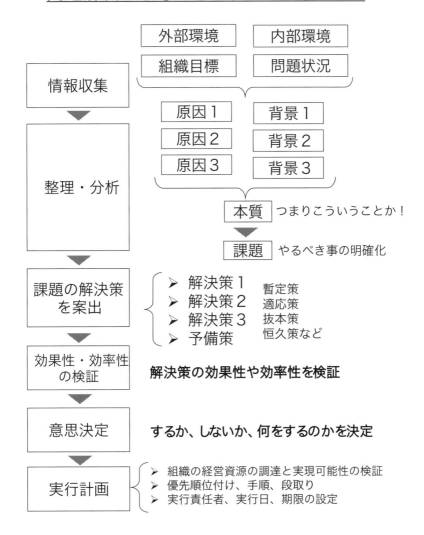

情報収集

整理・分析

課題の解決策を案出

効果性・効率性の検証

意思決定

実行計画

外部環境　内部環境
組織目標　問題状況

原因1　背景1
原因2　背景2
原因3　背景3

本質　つまりこういうことか！

課題　やるべき事の明確化

➤ 解決策1　暫定策
➤ 解決策2　適応策
➤ 解決策3　抜本策
➤ 予備策　恒久策など

解決策の効果性や効率性を検証

するか、しないか、何をするのかを決定

➤ 組織の経営資源の調達と実現可能性の検証
➤ 優先順位付け、手順、段取り
➤ 実行責任者、実行日、期限の設定

2. 情報収集と整理・分析

「問題解決の思考・意思決定・実行プロセス」の中で、最初の情報収集と整理・分析の段階では、以下の図にある「原因の深掘り」や「水平思考と垂直思考」のイメージを念頭に、情報を幅広く拾うことや、問題の原因や背景の深掘りが必要です。それが不十分ですと、効果性の高い解決策の案出につながりません。

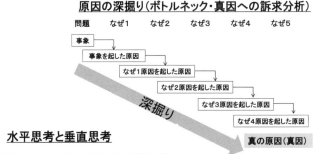

原因の深掘り（ボトルネック・真因への訴求分析）

問題	なぜ1	なぜ2	なぜ3	なぜ4	なぜ5

事象

事象を起した原因

なぜ1原因を起した原因

なぜ2原因を起した原因

なぜ3原因を起した原因

なぜ4原因を起した原因

深掘り

真の原因（真因）

水平思考と垂直思考

水平思考：周辺で起こっている出来事や全体の状況を、鳥の目で見るかのように鳥瞰的に広く見渡し、どこに問題があるか見極める思考です

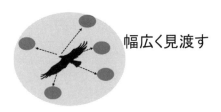

幅広く見渡す

垂直思考：問題を深く掘り下げて、因果関係や真因、本質を探る思考です

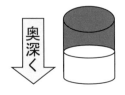

奥深く

3．解決策の案出

　問題状況の原因分析を行い、本質ややるべき課題の明確化ができたら、次はその課題を解決するための解決策を検討し案出することになります。

　原因や本質が明らかになれば、おのずと何らかの解決策は見えてきます。

　解決策を案出する際に気をつけたいのは、図にあるように基本的には解決策は複数用意するということです。

　また、解決策の種類としては、暫定策、適応策、抜本策、恒久策などがあります。簡単に言えば、当座の解決策と抜本的な解決策ということになります。

4．効果性・効率性の検証

　次は考えた解決策は、どのくらいの効果が期待できるか（あるいは、逆効果にならないか）、また最も効率的なやり方になっているかなどを検証します。

　その上で、実行するか、実行しないかの意思決定をする流れになります。

　インバスケット演習の回答を見ますと、目の前に発生した問題に対して原因の分析などをしないまま、すぐに解決策に向かう方も結構多いです。

　実際の職場では、経験という武器を活用して問題に対応することも多く、それで済む場合もあると思います。

　しかし、インバスケット演習では大半の場合は経験則だけでは対応できないような状況になっていると思います。しっかりと、「問題解決の思考・意思決定・実行プロセス」の流れで考察することが大切です。

5．実行計画と経営資源の調達

　解決策の実行が意思決定されると、次は実行計画に落とし込む流れになります。

　その際は、組織のどの経営資源をどの程度使うかを具体的に検討し、実現可能性を検証します。

　また、優先順位付けを行った上で手順や段取りを整えます。

　さらに、実行責任者、実行日、期限（納期）の設定を行います。

インバスケット演習の回答を見ますと、よくあるのが、絵に描いた餅に見える計画です。

例えば、「市場環境が有望なA事業にすぐに進出し、売上高を1年で倍増させる」といった計画です。

いくら立派な解決策や施策を考えても、その組織の経営資源（人・モノ・金・技術など）では対応しきれない場合は、実現可能性は低いと言えます。

実現しなければ全く意味がありません。

やはり、解決策を検討する段階から、組織の経営資源の実状を踏まえて考察し、現実的な解決策を考え出すことが必要です。

6．実行責任者を決める

　実現可能なことが確認できたら、次は実行するための手順や、実行責任者、実行日・期限の設定を行います。

　ここで強調しておきたいことは、実行責任者を決めることが極めて大切だということです。なぜなら実行責任者を決めないと誰も実行しない可能性が高いからです。

　計画を立てたり、会議で実施することを決めたりする際には、必ず実行責任者を決めることを忘れないでください。

　このようなことも踏まえて、日頃のマネジメントや、インバスケット演習における案件処理を行ってください。

　さて、次は第10章で組織や部下の動かし方について見ていきます。

第10章

組織や部下の動かし方とは

1．受け手目線の指示や依頼の仕方

　さて、「実際の職場で、部下や後輩は、貴方の言うことをよく理解して、貴方のイメージした通りに動いてくれますか？」

　思う通りには、なかなか動いてもらえなくて困っていると言う方が、実は多いと感じています。

　管理職は<u>人や組織を通じて成果を出す</u>ことが求められます。

　自分がいくら優れた能力を持っていて、素晴らしい企画や計画、戦略などを考え出したとしても、それらを人に伝えて、理解や共感をしてもらい、実際に指示や依頼に従って動いてもらうことができなければ、貴方の考えたことを実現することはできません。
　部下や後輩、周囲の人は生身の人間ですので、論理やロジックだけでは通用しない（動いてくれない）場合もあります。
　部下や後輩などに動いてもらうためには、魅力のある人間性や、相手の気持ちを感じ取る共感性、熱意、誠意、分かり易く説明する力などが必要です。

　本章では、人や組織を通じて成果を出すために部下や周囲に指示や依頼をする際に、気をつけるべきポイントを見ていきます。

　<u>指示や依頼を出す際には、受け手の目線で考える</u>ことが一つのポイントです。
　貴方が言うことを、他人は簡単には理解してくれないのが実状です。頷いていたり、分かった風な顔をしたりしていても、実は分かっていないことや、納得していないことがあります。

　そのため、相手目線（立場）で分かりやすい指示や依頼を出すこ

とを心がけることが大切です。

「受け手目線の指示や依頼」 6つのポイント

①目的や狙いを書く（言う）

（例：「○○をやりたいので」、「○○したいので」、「今回はこの件
を最優先でやりたいので」など書く）

　「何のために、いつ、どうして欲しい」などを分かりやすく伝え
れば、相手はある程度、貴方が求めている意図やねらいを想像す
ることができ、動きやすくなります。

②相手が質問をしやすいように気遣いをする

（例：「不明な点があれば、遠慮なく聞いてください」など書く）

　　上司・部下間、先輩・後輩間では、意味が分からない場合でも、
質問をしにくい場合があります。

　　貴方は、「分からなければ聞けばいいだろう」って思うかもし
れませんが、立場が違えば相手はそれを言えないこともあるので
す。

③上から目線の言葉（文書）は控える

（例：「○○の件、至急よろしく」、「大至急対応すること」など）

　　たとえ、相手が部下や後輩、年下であっても、あまりにも上か
ら目線（偉そうに）で指示されると面白くはありません。組織で
は、年上の方に対して指示をする場合もあります。

　「偉そうに言う方が、威厳がありそうで、相手は言うことを聞く
のでは」と思われている方も時々います。しかし、そんなことは
全くありません。ちょっとした言葉一つで、相手のモチベーショ
ンは下がります。

　　特に最近は、組織のフラット化が進んでいます。上司のことを
「○○さん」と呼ぶ組織もあります。相手が誰であろうと、なる
べく丁寧な言い方を心がけましょう。

④ポイントを分かりやすく書く（言う）

冗長な話や長文の文書は何を言われ（書かれ）ているのか分からない場合があります。

相手が理解しやすいようにするためには、発信する（発する）前に、もう一度相手の目線で読み返してみることが効果的です。

特に長文の文書は、要点が不明確になりがちです。なるべく、短文や箇条書きを使った方がより理解しやすいと思います。

⑤複数回に分けて丁寧に説明する

仕事ができる方は、とかく自分が分かることは、他人も当然分かると思いがちです。一度言えば相手は理解するはずだと。

しかし、そう簡単に相手は理解してくれないのです。不明な点があれば、何度でも丁寧に説明する姿勢が必要です。もし相手が分かっていなさそうな場合は、根気よく複数回に分けて丁寧に説明をしてください。

また、電子メールなどの場合は、相手の反応が分かりませんので、最初からより丁寧で分かりやすい文書を心がけてください。

⑥相手のモチベーションへの配慮や工夫も必要

部下は、貴方が組織から預かっている一人一人の人間です。貴方の下部（しもべ）でもありません。勿論絶対服従のロボットでもありません。感情もありますし、プライドもあります。また人から認められたい、褒められたいという渇望を持っています。

したがって、状況に応じて感謝やねぎらいの言葉も発信することが必要です。

２．受け手の能力、地位、権限、性格を踏まえた指示や依頼

また、指示や依頼の受け手の能力、地位、権限、性格を踏まえて指示や依頼を出すことが大切です。

「能力などを踏まえたの指示や依頼」３つのポイント

①相手の能力を踏まえて指示や依頼をする

□ 新入社員や初めてその仕事をする場合などには
より分かりやすく、かつ具体的に指示をします

□ ある程度業務の状況が把握できている社員などには
まず自分の考えを説明し、疑問があればそれに応えながらというスタンスになります。その際、相手に考えさせたり意見を求めたりすると相手の成長にもつながります。この辺りはコーチングのスキルでもあります。

□ 業務を自分と同じ程度知っている中堅社員などには
１〜10までといった具体的な指示はせずに、対等の立場での協働的な姿勢で働きかけます。また相手の自主性を促すための働きかけや環境整備を行います。

□ 業務に関して自分より詳しいベテラン社員などには
目的や狙いなどを伝え、部下に業務遂行の権限や責任を委譲（エンパワーメント）し、なるべく任せるようにします。
このようなベテラン社員に"ハシの上げ下げまで"といった指示をすると、かえって不快に思われる可能性があります。

②相手の地位、権限を踏まえて指示や依頼をする

　相手が上司や他部署の人間の場合には、それを踏まえた依頼が必要になります。

　勿論、丁寧な言い方も必要です。

③相手の性格を踏まえて指示や依頼をする

　また相手の性格も踏まえる必要があります。

　例えば、

　□ 気が弱い方や慎重な方に対しては

　「上司である自分が責任をとるので心配しないで実施して欲しい」、「何か心配なことがあれば、いつでも相談してください」など伝えます。

　□ 一方、お調子者やせっかちな方には

　「慎重に対応するように」とか、「途中で報告を入れながら進めるように」などを付け加えます。

３．部下や組織にも感情がある

　さらに、部下や組織にも感情がありますので、それを踏まえた指示や依頼が必要です。

「感情に配慮する指示や依頼」　５つのポイント

①失礼な言い方はしない

　たとえ相手が部下であっても、また相手に非があったり、問題があったりする場合でも、失礼な言い方をすると、相手も感情的になり、結果として理解や協力を得ることができなくなることがありま

す。

②自分の都合ばかり強調しすぎない

　例えば、他部署に業務を依頼する場合などに、自部署の都合（納期、緊急事態、クレームなど）ばかりを強調し、他部署の人間に働きかける方がいます。

　確かに、他部署であっても同じ会社や組織の人間に変わりはないので、協力するのは当然と考えることは間違いではないと思います。

　しかし、他部署には他部署の都合がありますし、他部署の相手は自部署の都合を優先したいと考える場合もあります。あまりにも一方的に自部署の都合ばかりを強調されると、他部署の人間に瞬間的に拒否をしたくなる感情が芽生えてもおかしくないのです。このように組織間にも感情のやりとりはあるのです。結果として、協力を引き出せないことにもつながる可能性がありますので、他部署へ業務を依頼する際にも、配慮を忘れないことが大切です。

③お礼を言う

　人は、他人から感謝されたり、褒められたりすると嬉しく思います。

　仕事の指示や依頼して、それを実行してもらった後には、必ず、感謝の言葉「ありがとう！」などを伝えましょう。

　特に難しい仕事や急がせた場合などは、「助かりました！」など、心からお礼の言葉や気持ちを伝えると良いでしょう。

④ねぎらいの言葉をかける

　また難易度が高い仕事を、辛い思いや、大変な思いをしてやってもらったような場合は、「○○さん、ありがとう！本当によくやってくれたね。お疲れ様でした！・・・・」など感謝とねぎらいの言

葉を伝えましょう。

さらに、日頃の仕事に対するねぎらいの言葉（例：「いつもしっかりと取り組んでくれて、ありがとうございます」）も、日々のコミュニケーションの中で取り入れていきましょう。

⑤時には相手の話をよく聴くことも大切

人は、自分の話をよく聴いて欲しいのです。人の話をしっかりと傾聴することは、信頼関係の構築や良好な人間関係の維持に有効です。傾聴すれば相手も貴方の話を聴いてくれます。

指示や依頼をする際や、組織内のコミュニケーションの際に、これらのポイントを意識して実践していただけば、部下や後輩は、貴方の言うことをよく理解して、貴方のイメージした通りに動いてくれる可能性が高まるはずです！

そして、組織の生産性やパフォーマンスの向上につながるものと思います。

では、案件の解説に戻りましょう。

本章では、案件1、4、5、16、17、19を見ていきますが、本章で書きました「受け手目線の指示や依頼の仕方」などをご参考にしてください。まずは案件1です。

案件1-A	未処理メールおよび関係資料の送信の件

10/ 1　木下人事総務係長から田中課長へ

➤ 丸居課長の未処理と思われるメールと関係書類を送らせていただきます。また、お仕事の参考になればと思い、最小限必要と思われる資料も添付させていただきます。お役に立てば幸いです

➤ 丸居課長の長期療養の件、大変心配いたしております

➤ 田中課長は、この後、中国の深圳に発たれるとお聞きしていますが、くれぐれもお身体にはお気をつけてくださいませ。お戻りをお待ちしています

着眼点

✓ 未処理メールおよび関係書類などの送信があった
✓ 丸居課長の長期療養の件についてのコメントがあった
✓ 自分への気遣いの言葉があった

対応策のポイント

対応としては、以下のようなことが考えられます。

✧ 初めての接触なので着任の挨拶が必要
✧ 未処理メールおよび関係書類などの送信に対するお礼を伝える
✧ 丸居課長の長期療養についてコメントする
✧ 自分への配慮へのお礼
✧ 今後の協力を要請する

このような対応をとるために、以下のメール（参考例）を木下係長へ出します。

案件 1-A	木下係長 お疲れ様です。この度、緊急な人事異動で第3営業課の営業課長を務めることになりました。今後よろしくお願いします。 さて、今回は迅速に丸居前課長の未処理メールや関係書類などを取り揃えていただき、ありがとうございます。また私へのお気遣いの言葉もいただき感謝いたします。気をつけて行ってまいります。 丸居課長のことは本当に心配ですね。 今後とも、お力を貸していただきますよう、どうぞ、よろしくお願いいたします。 <div align="right">田中昴</div>

さて、次は案件4および案件19を見ていきます。

案件 19	配送依頼の件

9/21　野村第1営業課長から丸居課長へ
- ➤ 早川君から配送についてもっと融通をきかせるように要望を受けたが、当課としてはそう簡単に応じるわけにはいかないと考えている
- ➤ 効率的な配送体制は当社の生命線だ。そのため、配送エリアや配送ルート以外の顧客はこれまでお断りしてきている
- ➤ 早川君に、あまり無茶を言わせないで欲しい
- ➤ こちらも部長に叱られるので

【関連案件等】

案件4

9/20　早川リーダーから丸居課長へ
- ➤ <u>第1営業課は、配送時間や配送エリアのことで融通がきかなくて困ります</u>
- ➤ <u>機を逸すると商談が流れてしまいます</u>
- ➤ うちの加藤が以前から足繁く通っていたA葬儀社様から<u>やっと案件のご相談をいただきました。</u>しかし、<u>当社の配送エリアからは少しだけ外れているのがネック</u>でした
- ➤ そこで私から、<u>第1営業課の野村課長に相談したところ、「うちは昔から配送エリアを限定して、効率的な配送システムで運営をしているんだ。それを無視した営業はまずいよ。配送するわけにはいかない」</u>と言われて断られました
- ➤ その他にも、<u>別件で通夜のお料理の配送を依頼した時には、やはり野村課長から「うちは昔から、昼食の弁当の配送をやっているんだから、夜の通夜の配送はちょっと困るんだよね。そういう案件はあまり歓迎できないね」と嫌な顔をして、言われました</u>
- ➤ <u>外注の配送会社に委託することも検討してはいかがでしょうか</u>

| 案件19 | 配送依頼の件 |

【関連案件等】

| 案件1−C | [プロフィール情報] 第2チーム リーダー 早川慎二 |

> 現場のたたき上げ。現場で身につけた "とにかく営業
は足で稼げ" をモットーに新規開拓も積極的に取り組み、
これまで葬儀社やイベント会社などの顧客を増やしてき
ている

| 案件1−B ① | |

> 営業エリアは、原則として健幸弁当センターの配送エリ
ア（東京23区内および多摩地区の一部、埼玉県の一
部）。

　案件19および案件4は、関連性がある案件も踏まえて対応する
必要があります。

着眼点

✔ 配送エリアと配送時間のことで、第1営業課長と第2チーム
のリーダーの意見が合わないことが理由で、双方からクレー
ムが入った

✔ 営業エリアは、原則として健幸弁当センターの配送エリア（東
京23区内および多摩地区の一部、埼玉県の一部）となってい
る

✔ 案件2で考えた今後の方向性や方針を踏まえて一貫性をもっ
て考えたい

（野村課長は）
- A 葬儀社様からの案件（当社の配送エリアからは少しだけ外れている）について、「うちは昔から配送エリアを限定して、効率的な配送システムで運営をしているんだ。それを無視した営業はまずいよ。配送するわけにはいかない」と言う
- 効率的な配送体制は当社の生命線だ。そのため、配送エリアや配送ルート以外の顧客はこれまでお断りしてきていると言う
  →配送エリアについては、「効率的な配送体制は当社の生命線」という意見は無視できない。自社の経営資源の強みを弱めるのは得策ではない
- 別件で通夜のお料理の配送を依頼された時には、「うちは昔から、昼食の弁当の配送をやっているんだから、夜の通夜の配送はちょっと困るんだよね。そういう案件はあまり歓迎できないね」と嫌な顔をして言ったという
  →「そういう案件はあまり歓迎できないね」と嫌な顔をして言ったというが、組織の管理職としては問題があると言え、セクショナリズムに陥っている可能性がある。組織の管理者であれば、全体最適を考えて、協力的な姿勢で問題解決にあたる事が求められる
- 早川君から要望を受けたが、あまり無茶を言わせないで欲しい。というのが要望
- こちらも部長に叱られるのでと言う
  →ありがちだが、管理職として相応しくない表現である
  案件16でも飯塚部長の言動に対する井上の萎縮が見られ、少しパワハラの可能性も考えられる

（早川リーダーは）
- 第1営業課は、配送時間や配送エリアのことで融通がきかなくて困りますと言う

✔ 機を逸すると商談が流れてしまいますと言う
✔ 外注の配送会社に委託することも検討してはいかがでしょうかとも言う

対応策のポイント

対応としては、以下のようなことが考えられます。

ここでは案件19と案件4を同時に処理します。
✧ 本件は、メールだけですぐに解決できる問題ではない
✧ 一方、早川リーダーや加藤のモチベーション低下が懸念される
✧ 加藤の努力にも何らかの言葉をかけたい
✧ 今回は、当座の対策として外注の配送会社に委託する方法もある

（今後についてメモする）
✧ 帰国後以下を実施する
✧ 第3営業課の新規事業の展開を踏まえた配送体制について検討する。そして、必要に応じて変革をする
　①これまでの配送エリアを守っていく
　②別の配送部隊を自社で確保する
　③外部の配送会社に委託する
　などの選択肢から今後方向性を決めていく
✧ その際、案件2で書いた方向性に基づいて、一貫した対策を検討する
✧ セクショナリズムの問題についても、検討の上、組織全体を巻き込んで改善していく

このような対応をとるために、以下のメール（参考例）を関係者
へ出します。

案件4 19	野村課長 ＣＣ：早川リーダー、飯塚部長 お疲れ様です。この度、緊急な人事異動で第3営業課の営業課長を務めることになりました。今後よろしくお願いします。 さてご連絡の件ですが、効率的な配送体制は当社の生命線であることは承知しております。 配送体制につきましては、日替わり弁当一事業体制からの脱却と更なる成長を目指すという会社の大方針に照らして、抜本的なことも含めて今後話し合って方向性を決めていきたいと存じます。 帰国後にお時間をいただければと思います。 なお、今回（A葬儀社様の案件）は当座の対策として外注の配送会社に委託する可能性もあります。 今後とも、ご指導のほどよろしくお願いいたします。 　　　　　　　　　　　　　　　　　　　　　　　　田中昴 （別メール） 早川リーダー お疲れ様です。 さて第1営業課の配送の件ではご苦労をかけています。配送体制については、今後抜本的に考えていきます。 A葬儀社様からご相談をいただいてきた加藤さんにはねぎらい言葉をお願いします。 なお、今回は当座の対策として外注の配送会社に委託することも選択肢の一つとして検討します。

今後も、早川リーダーの力を借りながら第3営業課を盛り上げていきたいと思いますので、ご協力をよろしくお願いします。

田中昴

（メモ）
- 帰国後以下を実施する
- 第3営業課の新規事業の展開を踏まえた配送体制について検討する。そして、必要に応じて変革をする
  ① これまでの配送エリアを守っていく
  ② 別の配送部隊を自社で確保する
  ③ 外部の配送会社に委託する
  などの選択肢から今後方向性を決めていく
- その際、案件2で書いた方向性に基づいて、一貫した対策を検討する
- セクショナリズムの問題についても、検討の上、組織全体を巻き込んで改善していく

さて、次は案件5を見ていきます。

案件5	野口のメールを転送します

9/12　中原リーダーから丸居課長へ

➢ 野口から以下のメールが来ました。確かにそうだと思いますが、だからといってすぐに成果につながるような訳ではありません

➢ 野口には、そんなことを考える暇があるのなら、見込み顧客へのアポ取りや、訪問軒数を増やすように指示をしておきました

9/11　野口達也から中原リーダーへ

件名：リターナブル弁当容器の全面使用はいかがでしょうか

➢ 今日は提案があって、メールさせていただきました

➢ 以前、弁当箱は全てリターナブルで、お客様が食べ終わった後に回収して、洗浄して、再利用するという仕組みでした

➢ 当課ができ、ここに来てワンウェーイタイプの弁当箱（プラスチック製）の商品も取り扱うようになりました

➢ しかし、最近は海洋プラスチック問題が注目されるなど、プラスチック容器を扱う企業に対する消費者の視線は厳しさを増しています。今、当社も見直す時期ではないかと思います

➢ 企画の段階からESG（環境・社会・企業統治）をコンセプトに商品開発をしてはいかがでしょうか。それを当社のセールス文句にして、時代に合った商品開発をするのが良いかと思います

➢ リーダーは、どう思われますか？

【関連案件等】

案件 1-C	➢第1チーム ➢野口　達也　（23歳）

案件5は、一見単独の問題のように見えますが、この後見る案件16と合わせて見ると、<u>組織運営上の問題が見えてきます</u>。

まずは、案件5の着眼点を整理します。

> **着眼点**

- ✔ 若手社員（23歳）である野口の「プラスチック容器を扱う企業に対する消費者の視線は厳しさを増しています。今、当社も見直す時期ではないかと思います」という意見は、実に的を射ている
- ✔ すぐに対応するかどうかは別として、今後の商品開発をする際に重視するポイントとなる可能性が高い
- ✔ しかし、中原リーダーは「<u>すぐに成果につながるような訳ではありません</u>」と言う
- ✔ 前向きで、貴重な提案をしてくれた部下に対して、<u>素っ気ない対応をした</u>
- ✔ このことから次のような事が言える
  - → 中原リーダーは<u>部下のモチベーションへの配慮が足りない</u>のでは？
  - → このような事が続けば、部下は提案や意見を言わなくなる可能性がある
  - → <u>組織として情報の活用という面でも問題がある</u>
  - → 中原リーダーは、<u>今の成果にこだわり、将来の成果へつながる情報を軽視した</u>
- ✔ また、「そんなことを考える暇があるのなら、見込み顧客へのアポ取りや、訪問軒数を増やすように」指示をした
  - → "とにかく営業は足で稼げ"という昔ながらの営業手法が見える
  - → 部下指導に疑問も？

次は、案件 16 も見ていきます。

案件 16	退職の相談

9/14　井上若葉から丸居課長へ

➤ 実は、10 月一杯で当社を辞めようと思います

➤ 入社して1年半になりますが、最近、自分の限界を感じ始めています

➤ 毎日、アポ取りと、新規訪問ばかりの日々です。また、お客様も葬儀会社様やイベント会社様が多く、独特の雰囲気の中での顧客対応ですので、心労がかさみます

➤ 早川リーダーからは、「営業は足で稼げ！」、「断られても、ひたすら電話をかけ続けろ」と言われていますが、それ以外は特に営業ノウハウなどを教わってはいません

➤ また時々、飯塚部長がうちの課に来て、大きな声で課長らにハッパをかけている様子が頭にこびりついて、私も緊張を感じます

➤ 最近は、さらに営業ノルマも厳しくなりつつありますが、自分はちょっとついていけない感じです

➤ 同期の宮代一馬君は、楽しそうにやっていて、成績も良いのでうらやましいです

➤ どのように、退職の手続きを進めればよいでしょうか

【関連案件等】

案件 1-C	[プロフィール情報] 第2チーム リーダー 早川慎二 ➢現場のたたき上げ。現場で身につけた"とにかく営業は足で稼げ"をモットーに新規開拓も積極的に取り組み、これまで葬儀社やイベント会社などの顧客を増やしてきている
案件 1-C	第2チーム ➢井上　若葉　（24 歳）
案件 7	（飯塚部長のメール） ➢当社はこれまでも"営業は足で稼げ"をモットーにして、顧客を獲得し成長してきた。課員にハッパをかけるなりして、とにかく早急に業績をアップさせて欲しい

案件 16 の着眼点を整理します。

着眼点

✔ 若手社員（24 歳、入社 1 年半）の井上が 10 月一杯で当社を辞めると言い、退職手続きの進め方を相談されている
✔ 理由として以下をあげている
- 最近、自分の限界を感じ始めています
- 毎日、アポ取りと、新規訪問ばかりの日々です
- お客様も葬儀会社様やイベント会社様が多く、独特の雰囲気の中での顧客対応ですので、心労がかさみます
- 早川リーダーからは、「営業は足で稼げ！」、「断られても、ひたすら電話をかけ続けろ」と言われています
　→早川リーダーは、自身の経験則を部下に押しつける？

- それ以外は特に営業ノウハウなどを教わってはいません
  →組織としての育成計画やマニュアルなどもあるか疑問
- 時々、飯塚部長がうちの課に来て、大きな声で課長らにハッパをかけている様子が頭にこびりついて、私も緊張を感じます
  →少しパワハラ系か？　案件19でも野村課長が「部長に叱られるので」と言っていた
- 最近は、さらに営業ノルマも厳しくなりつつありますが、自分はちょっとついていけない感じです

✔ 飯塚部長は、「当社はこれまでも "営業は足で稼げ" をモットーにして、顧客を獲得し成長してきた。課員にハッパをかけるなりして…」という
  →日替わり弁当一事業体制の時代には、そのモットーで成長してきたことは理解できるが、第3営業課の新規事業でも同じやり方が通用するかどうかは疑問がある。
  サービス部長という組織の権力者が、大きな声でそのような発言をするから、組織風土として中原リーダーや早川リーダーに影響を与えている可能性があると考えられる。
  実際、第1チームおよび第2チームの事業はともに営業赤字が継続している。何か因果関係があるのでは？

✔ 一方、井上は、「同期の宮代一馬君は、楽しそうにやっていて、成績も良いのでうらやましいです」と言う
  →このことから、第3チームの湊リーダーのマネジメント（部下育成や部下管理）が上手くいっている可能性が高いと推察することができる

案件5および案件16は、これらの着眼点を統合的に捉えて対応策を検討します。

　どちらも組織風土や部下指導の問題が背景にある事が分かります。

　まずは、 案件5 です。

対応策のポイント

　対応としては、以下のようなことが考えられます。

- ✧ このままでは野口のモチベーション低下が懸念されるため、提案についてのお礼のメールを出す
- ✧ また、今後も気がついたことがあれば、積極的に提案をして欲しい旨も伝える

（以下は、メモする）
- ✧ 中原リーダーは部下指導に関して問題があると考えられるため、帰国後に以下の点について指導などする
    - 部下のモチベーションに配慮した関わり方
    - 組織のリーダーは、目の前の成果だけでなく、将来の成果にも目を向ける必要がある
    - そのためにも、部下の意見や情報を積極的に聞き、組織として情報を共有化することが大切
    - 営業活動のやり方については、自身の経験則を強引に押しつけるのではなく、相手の性格や能力、経験等を踏まえた指導が必要である
    - また、今後は組織としてOJTなど育成計画を立て計画的に人材育成を行うことや、営業マニュアルの整備なども

　　　　必要と考えられるので、協力して欲しい旨を伝える
　✧ 今後、湊リーダーのマネジメント（人材育成、利益管理など）
　　のやり方を会議などで、各リーダーと共有化する

次いで、 案件16 です。

対応策のポイント

対応としては、以下のようなことが考えられます。

　✧ 退職の理由を見ると、上司のマネジメント（人材育成や営業
　　活動のやり方など）の問題が原因にあるものと推察できる
　✧ それらを解決すれば、井上は自信やモチベーションを回復し、
　　会社に留まる可能性はあるものと考えられる
　✧ したがって、井上に以下の旨のメールを出す
　　• 着任の挨拶をする
　　• これまで頑張ったことをねぎらう
　　• 帰国後に話し合いの場を持って欲しい
　　• 今後問題があれば解決して、井上が働きやすい職場にし
　　　ていきたいと思っていることを伝える

（以下は、メモする）
　✧ 早川リーダーについては、中原リーダーと同様に、部下指導
　　に関して問題があると考えられるため、帰国後に中原リーダー
　　と同様の指導をする

このような対応をとるための返信や連絡などを出します。

さて、次は案件17を見ていきます。

案件 17 ①	市場予測等の資料送付の件

9/ 5　生駒経理課長から丸居課長へ

➤ ご依頼の資料を添付させていただきます。ご活用いただければ幸いです

・ 統計資料（L総研）【T年度　決算企業（同業他社）調査資料】

・ 調査レポート（L総研）「食品宅配市場は、子育て・共働き・高齢者の
　ニーズに応えて成長を持続か！」など

　なお、統計資料の情報は案件13と案件18で活用しました。また、調査レポートの情報は案件2で、第1チームや日替わり弁当の事業の方向性を検討する際に活用しました。

着眼点

　✔ 前任の丸居課長が依頼した資料である

対応策のポイント

　対応としては、以下のようなことが考えられます。

　✧ お礼のメールを出す

　✧ また、第3営業課の事業を中心に今後詳細な分析が必要なため、追加で資料を依頼する

以下のメール（参考例）を生駒経理課長へ出します。

案件	生駒経理課長
17①	お疲れ様です。この度、緊急な人事異動で第3営業課長を務めることになりました。今後よろしくお願いします。
	さて前任の丸居課長がお願いしました調査資料および調査レポートなどをお送りいただきまして、ありがとうございます。
	これらの貴重な情報を生かして、第3営業課の業績改善、および会社の発展につなげていきたいと存じます。
	なおご多忙なところ大変お手数ですが、入手可能でしたら次の資料もご用意をお願いいたします。
	（1）医者向け、会議用、慶事・お祝い用のお弁当・料理、（2）ミールキット、（3）葬儀・法要、イベント向けのお弁当・料理（4）介護施設、病院、幼稚園、保育園向け弁当・給食、各市場の過去の時系列データおよび将来予測データ（なるべく細分化されたもの）
	第3営業課の過去の業績推移の分析や今後の展開に活用したいと思います。
	ご無理を言って申し訳ありませんが、できれば10月8日くらいまでにお願いできればと存じます。
	今後とも精一杯職責を果たしていく所存です。
	ご指導のほど、どうぞよろしくお願いいたします。
	田中昴

さて、次は第11章で管理職の成果管理について見ていきます。

第 11 章

管理職の成果管理とは

1．PDCAの管理サイクルで成果を出し続けよう

第4章のマネジメントの定義は、以下でした。

「マネジメントとは、組織の目標を達成するために経営資源を最も効果的・効率的に活用し人を通じて<u>成果をあげる</u>ことである」

　一つ一つの成果を積み重ねることが、組織目標の達成につながります。そのため、管理職は、目標達成や問題解決に向けて計画した実施事項や日常の業務をしっかりと管理することで、確実に成果獲得につなげていくことが大切です。

　管理をしないと、折角計画したことも、実行されなかったり、やりっぱなしになったりしかねません。

　PDCAの管理サイクルは、確実に成果を出し続けるための重要な考え方であり、仕組みです。

（※PDCAとは、「Ｐｌａｎ＝計画」「Ｄｏ＝実行」「Ｃｈｅｃｋ＝評価」「Ａｃｔｉｏｎ＝改善」の4つの英単語の頭文字のことをいいます。）

　やはり成果を出す管理職の方は、"PDCAの管理サイクル"を意識して仕事をしています。

　一方、このあたりが"おざなり"になっている場合は、成果も出しにくいことが多いと思います。

　"PDCAの管理サイクル"を徹底して、組織のメンバーに浸透させれば、その職場ではそれが当たり前になります。

　組織のメンバーも、同じように行動をするようになります。

　そして、"PDCAの管理サイクル"が組織の中に根付いた時、それが成果を出し続ける仕組み作りにつながります。

２．納期設定で確実な成果獲得を

　ビジネスでは納期や期限が重要です。

　納期は時間ですので、経営資源になります。時間は有効活用しなければなりません。

　納品する日、提出日、報告日、契約日、完成する日、引き渡す日、結論を出す日、発表する日などさまざまですが、ビジネスではつきものです。

　必ず納期や期限を頭に入れて行動したり、確認をしたりすることが大切です。

　そして、物事を計画する時は必ず納期を決めることが必要です。

　第９章の６で、「実行責任者を決めないと誰も実行しない可能性が高い」と書きましたが、こちらも重要です。納期を決めなければ、仕事はいつ終わるかは、相手次第ということになります。後回しにされる場合もあります。

　　指示や依頼をする際には、必ず「納期」や「期限」を設定するようにしてください。

３．結果とプロセス管理

　新入社員研修で、「ホウ・レン・ソウ」（報告・連絡・相談）を講義する場合がありますが、

　さて、質問です。

　　指示と報告の関係って、なんだと思いますか？

新入社員研修では、以下のように指導しています。

✧ "指示と報告は一対" です

✧ 仕事が終わったら、必ず報告をしましょう

✧ 報告をするまでが一連の仕事です

実際の職場では、上司が部下に報告の要求をすることや、報告を受けることを忘れてしまっている、あるいは意識が薄いことも、実は多いと思います。

報告があろうが、なかろうが、仕事が終わればいいんだ。なんて思っている方もいるかも知れません。

<u>この報告をさせるという習慣を組織のメンバーに根付かせることも成果を出し続ける仕組み作りにつながります。</u>

慣れるまでは大変かもしれませんが、とにかく徹底的に指導することが根付かせることにつながります。

上司である貴方が、うるさく言わなくても部下が勝手に報告をするようになれば、仕組みができたと言えます。

そうなれば、管理職は自分の時間やエネルギーを他のことに費やすことができるようになります。

それが更なる好循環につながっていきます。

ただし、あまり管理統制が過剰になりすぎないように注意してください。業務や仕事の管理統制はよいのですが、人の行動（細かいやり方など）や考え方まで過剰に統制しようとすると、相手から嫌気を感じられたりします。何事もバランスが大切です。

<u>指示や依頼をする際には、必ず報告の要求をする</u>ようにしてください。

4．サポート・支援体制を整える

　指示や依頼をしたが、ちゃんと結果が出るのか不安だ。
　という場合ありませんか？

　指示や依頼をする相手の能力や、やる気、これまでの実績などによって、指示した期日に、指示した通りの仕事が完了するか、少し不安がある場合もあるかと思います。また、状況によっては能力があっても難しい場面もあります。
　そのような場合は、何らかのサポート・支援体制などを手配することが必要です。

　実際の組織の中でも、インバスケット演習においても、さまざまなプロフィール（性格、経験値、能力、実績など）をもった人物がいます。ある人物に指示や依頼をする場合に、指示した通りに実行してくれるのか？それとも、先送りをしてやらない可能性があるのか？能力が不足していて実行が難しい可能性があるのか？なども、考慮する必要があります。
　そのうえで、不安がある場合は、指示や依頼の仕方や、補助者をつけるなどのサポート・支援体制を考えていくことが確実な業務の進捗や成果獲得につながります。
　ちなみに、案件9の処理（175 〜 176 ページ）では、サポート・支援体制の手配をしています。

　では、案件の解説に戻りましょう。
　本章では、案件3、6、12、20を見ていきます。
　本章で書いたことを意識しながらご参考にしてください。

案件3	年次有給休暇取得の件

9/25　本村人事総務課長から丸居課長へ

➤ 年次有給休暇が年10日以上付与される従業員（管理監督者を含む）については、<u>年5日の年次有給休暇を取得させることが法律で義務化</u>されています

➤ <u>貴課のメンバーの年次有給休暇の取得率は極めて悪い状況です。このままのペースですと年5日の取得が危ぶまれます</u>

➤ <u>以下の社員については、10月中に年次有給休暇を取得させ、少なくとも取得日数が3日以上になるように指示をお願いいたします</u>
中原：2日、久留米：2日、早川：2日、湊：1日

➤ 就業規則（年次有給休暇）の第4項に基づく<u>時季指定</u>をしていただいてもかまいません

【関連案件等】

指示書 参考情報3	【就業規則　抜粋】 4　年次有給休暇が10日以上与えられた従業員に対しては、第3項の規定にかかわらず、付与日から1年以内に、当該従業員の有する年次有給休暇日数のうち<u>5日について、会社が労働者の意見を聴取し、その意見を尊重した上で、あらかじめ時季を指定して取得させる。</u>ただし、従業員が本条による年次有給休暇を取得した場合においては、当該取得した日数分を5日から控除するものとする

案件3は、関連情報も踏まえて対応する必要があります。

✔ 年5日の年次有給休暇を取得させることが法律で義務化されているが、第3営業課のメンバーの年次有給休暇の取得率は極めて悪い状況
　　→職場環境は、決して良いとは言えない
✔ このままのペースだと年5日の取得が危ぶまれますので、以下の社員については、10月中に年次有給休暇を取得させ、少なくとも取得日数が3日以上になるように指示をすることが求められている
✔ そのメンバーと、必要な日数は、以下の通りとなる
中原：2日、久留米：2日、早川：2日、湊：1日
　　→リーダーを中心に取得率が悪いことが分かる
✔ 就業規則（年次有給休暇）の第4項に基づく時季指定をしてもかまわないと言う
✔ 10月中という期日があるので、早めに指示する必要がある

対応としては、以下のようなことが考えられます。

◇ 対象者全員にメールを出し必要な日数の年次有給休暇を取得するように指示する
◇ まずは時季指定はしない
◇ また、リーダーが多いことから、今後はリーダーが率先して年次有給休暇を取得するように指示する
◇ このことは、飯塚部長にも共有化しておく

今後、働きやすい職場環境に整えていくことをメモ書きする

それらを踏まえて、以下のメール（参考例）を関係者へ出します。

案件3 指示書	中原リーダー、早川リーダー、湊リーダー、久留米様 CC：飯塚部長 お疲れ様です。この度、緊急な人事異動で第3営業課の営業課長を務めることになりました。今後よろしくお願いします。 日頃大変頑張っていただき、ありがとうございます。 さて、人事総務課から添付のメールが来ました。 現在、年5日の年次有給休暇を取得させることが法律で義務化されていますので、それぞれ以下日数以上の年次有給休暇を10月中に取得するように調整をしてください。 中原リーダー：2日、早川リーダー：2日、湊リーダー：1日、久留米さん：2日 時間もないことから、10月8日までには申請を出してください。合わせて私への報告もお願いします。 なお、今後は計画的に早めの取得をお願いします。 忙しい中とは思いますが、よろしくお願いします。 　　　　　　　　　　　　　　　　　　　　　　田中昂 （別メール） 中原リーダー、早川リーダー、湊リーダー CC：飯塚部長 先ほどの件ですが、年次有給休暇の取得促進は職場環境の改善や活性化にもつながることから、今後はリーダーが率先して年次有給休暇を取得するようにお願いします。そのうえで、部下への目配りや配慮もお願いします。

リーダー皆さんの力を借りて、第3営業課をより良い職場にするとともに、業績もアップしていきたいと思います。何とぞ、ご協力をお願いします。

田中昴

（メモ）
- 第3営業課のメンバーの年次有給休暇の取得率は極めて悪い状況であり、また若手の退職希望者がいる、さらにパワハラ的な言動も思い当たるため、今後は、社員が働きやすい職場環境に整えていく必要がある
- 今日は、時季指定をしないが、帰国後、必要に応じて実施する場合もある

さて、次は案件6を見ていきます。

案件6	食中毒発生のうわさ

9/28　久留米悠里から丸居課長へ　CC：中原リーダー

➢ 緊急情報です！

➢ 時々、会議のお弁当をご利用いただいていますE物産様（渋谷区）で、食中毒が発生したとのうわさがあります

➢ いつもの担当者の方は、言葉を濁していましたが、日替わり弁当が原因との感触を得ました

➢ 確か、同社は、ライバルのB配食サービスと取り引きをしています。弁当箱を見かけますので

➢ 当社では、第1営業課の担当エリアですので、早めに動いて取り引きを切替えてもらえば良いのではと思います

➢ そうすれば、第3営業課との取り引きの拡大にもつながるかと思います。かなりの大口取引が期待できると思います

着眼点

✔ 久留米のメールの発信日からすでに数日経っているので、すぐの対応が必要

✔ うわさの段階なので慎重な対応が求められる

✔ 上手く対応できれば、日替わり弁当の契約につながる可能性がある

✔ 可能性を少しでも高めるためには、E物産の担当者とつながりがある久留米が第1営業課に協力する必要がある

✔ 上手くいけば、第3営業課の取り引きの拡大にもつながり、最終的にはかなりの大口取り引きが期待できると言う

対応としては、以下のようなことが考えられます。

◇ すぐに第1営業課の野村課長に連絡を入れる
◇ その際、必要があれば久留米が同行をすることも提案する
◇ また、うわさの段階なので、慎重な対応の必要性も伝える
◇ 食中毒が事実だった場合は、それ以外の対応も必要

それらを踏まえて、以下のメール（参考例）を関係者へ出します。

案件6	野村課長
	CC：飯塚部長、中原リーダー、久留米様
	お疲れ様です。
	早速ですが、至急お伝えしたいことがあります。
	第1チームの久留米からの情報ですが、取引先のE物産様（渋谷区）で食中毒が発生したとのうわさがあるとのことです。同社の担当者の方は言葉を濁していたそうですが、久留米は日替わり弁当が原因との感触を得たようです。B配食サービスの弁当箱を見かけるとのことで同社と取り引きをしているようです。渋谷区は貴課の担当エリアですので、早めに動いていただき日替わり弁当の取り引きを切り替えてもらえば良いのではと存じます。なお、現段階ではうわさの段階ですので慎重な対応は必要と思われます。もし必要であれば当課の久留米に同行訪問などをご指示いただいてもかまいません。どうぞ、よろしくお願いいたします。
	田中昴

（別メール）

久留米様

お疲れ様です。

E物産様の件、前向きな対応ありがとうございます。助かります！

今後も、ご協力をお願いします。

なお、E物産様の件で同行訪問の依頼が来た場合はご協力をお願いいたします。

何か動きがありましたら、私への報告もお願いします。

田中昂

（メモ）

・食中毒が事実だった場合は、全社的な動きが必要になる

さて、次は案件12を見ていきます。

案件12	部下指導とハラスメント防止セミナーの件

9/25　本村人事総務課長から各課長・工場長へ

➢ 下記のセミナーが商工会議所で開催されます

➢ 出席者を人選のうえ、参加人数のご連絡を、10月3日までにお願い
　いたします

記

　　　1. 日　　時　　U年10月16日（火）15～17時

　　　2. 場　　所　　N商工会議所ビル　第2会議室

　　　3. テ ー マ　　部下指導とハラスメント防止セミナー

　　　4. 対　　象　　管理職、リーダー層

　　　5. 参加費　　　3,000円（お一人様）

　　　なお、セミナー終了後は、懇親会を用意しています。

　　　（会費はお一人様2,000円）

➢ 最近は社員の人権やハラスメントに関する問題がクローズアップされて
　います。部下指導も永遠のテーマです。是非ご活用ください

➢ 来る10月5日までに参加人数のご連絡をお願いいたします

【関連案件等】

案件5	➢ 中原リーダーは、野口の前向きな提案に対して、素っ気ない対応をした

案件16	➢ 第2チーム（早川リーダー）の井上から退職の相談メールが入った

案件20	➢ 今年度も収益状況は大変厳しい状況が続いている ➢ 来月5日の部室長会議で、経費削減策を具体的に検討したい

案件 12 は、関連案件も踏まえて対応する必要があります。

> **着眼点**
>
> ✔ 参加人数を連絡する期日は 10 月 3 日なので、すぐに何らかの
>   アクションが必要
> ✔ 営業課員の業務状況については現段階では不明なため、明日
>   以降、いずれかのリーダーに本村人事総務課長宛に連絡をさ
>   せる
> ✔ 内容は部下指導とハラスメント防止セミナーなので、セミナー
>   内容に応じた参加者を人選したい
> ✔ 関連情報から、第 3 営業課では、中原リーダー、早川リーダー
>   のマネジメント（部下指導）に問題がありそうなことが分か
>   る
> ✔ 特に彼らに今回のセミナーを受講させることで、部下指導力
>   を強化させたい
> ✔ また、組織風土からパワハラなどの問題も内在している可能
>   性があるため、その防止策になることも期待できる
> ✔ 経費削減の要請はあるが、
>   →部下指導は課題のため参加の方向で進めたい

それらを踏まえて、次ページのメール（参考例）を 3 人のリーダー
へ出します。

案件12	中原リーダー、早川リーダー、湊リーダー
	CC：飯塚部長
	お疲れ様です。
	早速ですが、添付メールの通り「部下指導とハラスメント防止セミナー」の案内が人事総務課から来ました。私としては、部下指導など管理職・リーダーのマネジメント力の強化は重要だと考えています。
	折角の機会ですので、リーダーの皆さんには是非参加してもらいたいと思います。私も参加します。
	なお私には当日の貴職らの業務状況が分かりませんので、それぞれ日程確認および調整の上、10月3日までに、本村人事総務課長宛に参加人数の連絡をお願いします。取りまとめおよび参加連絡は、代表して湊リーダーにお願いしたいと思います。
	私宛に結果報告もお願いします。
	大変お手数ですが、よろしくお願いします。
	田中昴

次は、案件20を見ていきます。

案件 20	経費削減の件

9/18　飯塚部長から野村課長、酒井課長、丸居課長へ

➤ 以下のメールが総務部から来た

➤ 経費削減の件、それぞれ具体的に検討して、私まで報告してくれ

9/18　高橋総務部長から各部室長へ

件名：経費削減の件

➤ 今年度も収益は大変厳しい状況が続いています

➤ パートタイマー従業員比率が高い当社にとって、ここ数年間の最低賃金の上昇はボディーブローのように経営を圧迫しているようです

➤ しかし、パートタイマー従業員は当社にとって欠かせない存在なのでやむを得ないものと思います

➤ そこで、来月5日の部室長会議で、経費削減策を具体的に検討したいと思います

➤ つきましては、各部室長は、具体的な削減策を検討の上、9月28日（金）までに、総務部までご提出をお願いいたします

【関連案件等】

案件7	今期もすでに半期が過ぎようとしているが、業績は停滞したままだ
案件8	ランディングページ作成費：60万円の予算承認要望
案件 10	接待費用の支援要請：5万円の経費支出承認要望

案件20は、関連案件も含めて組織の全体像から考える必要があります。

✔ 提出期限は過ぎている
✔ ５日の部室長会議には間に合うので、これも今すぐの対応が求められている
✔ 本件は、最終的には飯塚部長が取りまとめて、総務部に報告することになる

対応としては、以下のようなことが考えられます。

➤ 自身の手元情報では対応できないので、組織のメンバーのうち適任者に依頼する必要がある
➤ ただし、細かい経費の節減だけでは、収益状況の抜本的な改善は難しい可能性があると考えられるため、抜本策については、帰国後に方向性を検討する際の課題として解決を目指す

それらを踏まえて、次のメール（参考例）を関係者へ出します。

案件20	中原リーダー、早川リーダー、湊リーダー
	CC：飯塚部長
	お疲れ様です。
	早速ですが、添付メールの通り経費削減策の提出が総務部から来ました。
	すでに総務部への提出期日は過ぎていますが、10月5日の部室長会議での検討事項になります。
	第3営業課としても、何らかの対策を出す必要があります。そこで、大変急ぎで申し訳ありませんが、リーダー各位には以下の対応をお願いします。
	➤ 経費（売上原価を含む）の具体的な削減策をチームごとに検討し、報告をしてください
	➤ 経費削減策を検討する際の着眼点は以下の通りです。
	・販売促進費や接待費などムダな経費はないか
	・費用対効果の検証
	・販売単価の見直しはできないか
	・原価率が低い商品への見直しはできないか
	など
	➤ その上で、湊リーダーが取りまとめて、飯塚部長に会議前日の10月4日まで（できるだけ早く）報告してください
	➤ また、私にも同様の報告をお願いします
	大変お手数ですが、よろしくお願いします。
	田中昴
	（メモ）
	細かい経費の節減だけでは、収益状況の抜本的な改善は難しい可能性があると考えられるため、抜本策については、帰国後に事業や組織運営の方向性を検討する際の課題として解決を目指す。

225 ページでは、「業務を自分と同じ程度知っている中堅社員などには、1 ～ 10 までといった具体的な指示はせずに・・・後略」と書きましたが、案件 20 では、以下のように具体的な着眼点を書きました。

「経費削減策を検討する際の着眼点は以下の通りです。

・販売促進費や接待費などムダな経費はないか
・費用対効果の検証
・販売単価の見直しはできないか
・原価率が低い商品への見直しはできないか　など」

本来は、225 ページに書いたことが理想なのですが、案件 20 の場合は、納期が過ぎている急ぎの案件であり、かつ自身が内容を確認する事もできない、またリーダーらの能力も不明なため、具体的な指示を出して確実な進捗と仕事の質を確保することにしました。

おわりに

　最後までお読みいただき、ありがとうございました。

　本書にある回答の参考例とご自身の回答との違い、あるいは思考プロセスや分析、着眼点の違いなどは、ありましたでしょうか？

　もし違いやギャップがあるのであれば、本書の中で書きましたマネジメント上のポイントや着眼点、対応策などを熟読して、どのような着眼点がなかったのか、結果、どのような対策や指示、依頼が不足していたのかなどを確認してください。何度も確認すれば理解できるはずです。また、自分自身の今後の着眼点などに加わっていくものと思います。

　一方、本書に記載しました着眼点や対応策がすべて正しくて、これ以外に解はない。ということではありません。書中にも書きましたが「経営やマネジメントの判断に100％正解の解はない」のです。

　本書に掲載しましたインバスケット演習には、多くの情報が盛り込まれていますので、想像力を使い、それらを組み合わせば、着眼点や解決策（手段）は幾通りも考え出すことができると思います。

　ご興味がある方は、ご自身で他の方向性や解決策を考察してみてください。思考の幅がグンと広がると思います。

　今後このインバスケット演習を通じて学んだことや経験したことを貴方のマネジメントの中に取り入れていただき、実際のビジネスシーンでお役立ていただければと思います。

　さて、私は人材アセスメント研修などでインバスケット演習の回答を見る機会が多いのですが、中には研究職の方などもいます。その方々は自分のお仕事で日頃、分析や原因究明、計画立案などを行っているのですが、インバスケット演習で自分の経験の通用しないマ

ネジメントの場（状況）の中に入ると、分析力や論理思考などの能力を発揮することができないことも多々あります。

これは経験値が不足していることが影響しているものと思われます。研究という場面で使っている思考プロセス（分析など）は日頃から使い身についているので研究という場面では発揮することができます。しかし、マネジメントという場面で使う思考プロセス（分析も含めて）や対人対応は身についていないので、潜在能力があっても発揮することができないものと考えられます。

また、マネジメントにあたる場合には、論理や知識以外に、状況に応じた柔軟な発想や着想、勇気、気概、自身の明確な方針や信念なども必要です。また職場の風土や人間関係なども考慮しなければなりません。これらは実際のマネジメントを経験することによって身につくことが多いのです。これらが不足している場合も、潜在能力を発揮できないことにつながります。

しかし、このように潜在能力があるのに、経験値が不足しているために発揮することができないことは、実にもったいない事だと思います。

そして、不足しているマネジメントの経験値を埋めることができるのが、インバスケット演習です。この演習では、企業や組織の中で実際に起こり得るような状況をケースとして作り出し、プレッシャーと緊張感の中でマネジメントを実践的に疑似体験することができます。この演習を体験することで、管理職やリーダーとして求められる能力を高めたり、引き出したり、不足するものに気づいたりすることができます。また繰り返し学習することで、マネジメントの経験値を高めることにもつながります。

本書を一通り読んだけれど、「まだ自信がない」、「不十分だ」など思われる方は、是非本書掲載のインバスケット演習「健幸弁当セ

ンター（株）　第3営業課長」に繰り返しチャレンジしてください。また解説を熟読していただきたいと思います。

　そして、さらに別のインバスケット演習にも取り組んで、経験値を積み重ねていきたいという方は、拙著「人材アセスメント受験者、管理職のためのインバスケット演習」（出版社：ファストブック）もご覧いただければと存じます。

　最後になりますが、本書の監修をしていただきましたＨＡコンサルティング株式会社ＣＥＯの廣瀬正人様（人材アセスメントに30年以上携わっています）に大変感謝申し上げます。また本書の出版に際して、ラーニングス株式会社代表の梶田洋平様には、多大なるお力添えをいただきました。本当にありがとうございました。

西山　真一

回答用紙

氏 名	

〈記入上の注意〉
1. 左欄に案件番号を記入し、その処理を右欄に記入してください。
2. 処理内容は指示文・依頼文などで記載してください。または心づもり・計画などを記入してください。

案件№.	処 理 内 容
（例）	
案件○	○○様
	○○○○○○○○○○○○○○○○○○○○○○○○○
	○○○○○○○○（指示文）○○○○○○○○○○
	○○○○○○○○○○○○○○○○○○○○○○○○○
案件○	○○○○○○（メモ・心づもり・計画）○○○○○○○
	○○○○○○○○○○○○○○○○○○○○○○○○○
	○○○○○○（メモ・心づもり・計画）○○○○○○○

案件No.	処　理　内　容

【著者プロフィール】
西山真一（にしやま・しんいち）

- ＨＡコンサルティング株式会社　ＣＯＯ、人事総務マネジメントサービス株式会社　代表取締役、特定非営利活動法人日本ケースメソッド協会　理事副会長。
- 経営コンサルタント、セミナー・研修講師、中小企業診断士、社会保険労務士、人材アセスメント研修認定アセッサー（日本ケースメソッド協会）。
- 地域金融機関を経て、現在経営コンサルタント。経営、マネジメントや人事労務管理について実戦で培った経験を持つ。現在、セミナー・研修の講師や企業のコンサルティング、執筆などの活動をしている。
- ビジネス経験や経営コンサルタントのノウハウを生かし、これまで多くのインバスケット演習などのケースを開発してきた。
- 講師としては、実戦経験を生かし、論理的かつ分かりやすい講義が持ち味。研修や個別面談を通じた受講者のモチベーションアップが得意。人材アセスメントのアセッサーとしての実務経験も豊富。
- 企業コンサルティングでは、机上の空論ではなく、現場重視、モチベーション重視、人材重視、資金繰り重視で多くの企業の経営をよくしてきた実績がある。
- 著書：「人材アセスメント受験者、管理職のためのインバスケット演習」（出版社: ファストブック）

【監修】
廣瀬正人（ひろせ・まさと）

- ＨＡコンサルティング株式会社　ＣＥＯ
- 経営学修士（ＭＢＡ）、人材アセスメント研修認定アドミニストレーター（日本ケースメソッド協会）。

【所属会社】
ＨＡコンサルティング株式会社

〒226-0027
神奈川県横浜市緑区長津田5-1-12- 3 Ｆ
https://ha-consulting.co.jp/

（主な事業）
・教育研修サービス
・出版物の企画、制作、販売

（HA コンサルティングの特徴）

　ＨＡコンサルティングはマネジメント人材の評価・育成に特化した専門サービスを提供することにより、顧客企業の企業価値の向上、永続的な発展に寄与するとともに、個人の自律的なキャリア開発を支援しております。

　私たちは、管理職昇格選考時の評価（セレクション）に留まらず、個々人のポテンシャルの開発とパフォーマンス発揮までをトータルに支援していくことを使命と考え、今後も努力を傾注してまいります。

Amazonでベストセラー！！
人材アセスメント受験者の必読書！

人材アセスメント受験者、管理職のためのインバスケット演習

インバスケット演習を活用してマネジメントを実践的にトレーニング！

マネジメントの実践ノウハウは、通常誰も教えてはくれません。
少しのコツを知ることで、貴方の潜在力を目覚めさせることができます！
一生役に立つ！マネジメント実践法を、インバスケット演習を通じて紹介します。

著者：西山真一　監修：廣瀬正人

定価：1500 円＋税

発行：ファストブック

インバスケット演習の実践

2020年4月3日　初版発行
2024年6月22日　5刷発行

著　　者：西山真一

監　　修：廣瀬正人

発 行 所：ラーニングス株式会社

　　　　　〒150‐0036　東京都渋谷区南平台町2‐13　南平台大崎ビル3F

発 行 者：梶田洋平

発 売 元：星雲社（共同出版社・流通責任出版社）

　　　　　〒112‐0005　東京都文京区水道1‐3‐30

　　　　　Tel（03）3868‐3275

ISBN：978-4-434-27325-4　C0036